Lori Tsugawa Whaley
Folge der Kraft des Samurai

Das *kamon* (Wappen) der Tsugawa-Familie ist ein Emblem namens *ken katabami* und zeigt eine Kombination aus der Katabami-Pflanze (Hornsauerklee) und drei stilisierten *ken* (Schwertern); es ist eines der fünf Hauptwappen des feudalen Japan. Der Katabami symbolisierte eine starke Familienblutlinie, während das Schwert ein Symbol für den Krieger ist und nur von Samurai-Clans verwendet wurde.

Lori Tsugawa Whaley

Folge der Kraft des Samurai

Die sieben Wege des Bushido zu
innerer Stärke und Erfolg

Aus dem Englischen von Ulrich Korn

Anaconda

Titel der englischsprachigen Originalausgabe: *Let the Samurai be your Guide. Seven Bushido Pathways to Personal Success* by Lori Tsugawa Whaley. First published by Tuttle Publishing, an imprint of Periplus Editions (HK) Ltd., North Clarendon (VT), USA 2020
Copyright © 2020 by Lori Tsugawa Whaley
Alle Rechte vorbehalten

Penguin Random House Verlagsgruppe FSC® N001967

Die Deutsche Nationalbibliothek verzeichnet diese Publikation in der Deutschen Nationalbibliografie; detaillierte bibliografische Daten sind im Internet unter http://dnb.d-nb.de abrufbar.

Lizenzausgabe mit freundlicher Genehmigung
© dieser Ausgabe 2021 by Anaconda Verlag, einem Unternehmen der Penguin Random House Verlagsgruppe GmbH,
Neumarkter Straße 28, 81673 München
Alle Rechte vorbehalten.
Umschlaggestaltung: www.katjaholst.de
Umschlagmotiv: Ikanimo (Hintergrund), Cade (Vordergrund) / shutterstock.com
Satz und Layout: Intermedia – Lemke e. K., Heiligenhaus
Druck und Bindung: GGP Media GmbH, Pößneck
ISBN 978-3-7306-1048-0
www.anacondaverlag.de

Widmung

Gewidmet meinen Großeltern väterlicherseits, Masaichiro und
Kazuno Ishii Tsugawa, aus Tokushima, Japan, und meinen Großeltern mütterlicherseits, Kenkichi und Jun Nishiguchi Taniguchi,
aus Matsusaka, Japan. In den frühen Jahren des 19. Jahrhunderts
habt ihr alle den Pazifik überquert, um euch in einem neuen
Land auf der Suche nach einem besseren Leben niederzulassen,
und ihr habt mich mit einem reichen Erbe beschenkt.

Für meine Eltern, George und Mable Tsugawa, die mir den
Bushido-Kodex vorgelebt und mir beigebracht haben, mein
Bestes zu geben, mich anzustrengen und niemals aufzugeben,
ganbaru! Obwohl ich die harte Arbeit auf der Farm und das Auf-
wachsen auf dem Land erst später im Leben zu schätzen gelernt
habe, hat dies meinen Charakter geprägt. Danke für all die Lek-
tionen des Lebens, die ihr mich gelehrt habt.

Für mein Team für traumatische Hirnverletzungen (SHT), insbesondere an den verstorbenen Dr. Vern S. Cherewatenko, der
mir Hoffnung einflößte, fachkundigen Rat gab und mich auf der
gesamten Reise begleitete; ich danke euch aus tiefstem Herzen.
Ich möchte auch Dr. Robert Ahn, Channa Beckman, Teri Dod-
son, Theodore S. Kadet, Dr. Tess Mandapat, Dr. Melissa Merco-
gliano und COLPT, Dr. Richard E. Seroussi und Craig E. Taft würdigend erwähnen. Zu größtem Dank verpflichtet bin ich Leonard
Semenea, der durch seinen Charakter und sein Handeln die Integrität und das Mitgefühl eines Samurai bewiesen hat. Ohne
euch, euer Fachwissen und eure Hingabe wäre dieses Buch nicht
möglich gewesen, und dafür bin ich euch für immer dankbar.

Für He'Ari Seattle Israeli Dancing für den großartigen Unter-
richt und die Bereitstellung eines Raumes zum Lernen und
Wachsen. Ein besonderes Dankeschön an Ellie Morhaime und

5

Dianne Casper, die hervorragende Lehrerinnen und treue Leiterinnen sind. Das Tanzen hat entscheidend zu meiner körperlichen und geistigen Genesung beigetragen, und ich freue mich immer auf die Tanzstunden.

An den Gott Abrahams, Isaaks und Jakobs: Danke, dass Du mir das Leben geschenkt und mich mit Deiner Liebe, Barmherzigkeit und Gnade überschüttet hast.

An die Samurai des vorindustriellen Japan: Ich bin euch dankbar für euer Leben voller Mut, Ehre und Integrität. Gewidmet auch den heutigen und zukünftigen Samurai, die die Samurai-Prinzipien in ihrem Leben befolgen, mit gutem Beispiel vorangehen und diese Welt zu einem besseren Ort machen.

Und dieses Buch ist Ihnen, dem Leser, gewidmet: Mögen Sie von den Samurai inspiriert werden, bei all Ihren Bemühungen, das Richtige zu tun. Tun Sie Ihr Bestes, versuchen Sie Ihr Bestes, geben Sie niemals auf, und gehen Sie aufs Ganze, *ganbatte!*

Inhalt

Zum Geleit 9
Danksagung 10
Vorwort 12
Einleitung 19

Kapitel 1 – Mut 25
Mut 27
Chiune Sugihara 32

Kapitel 2 – Integrität 47
Integrität 49
Michi Nishiura Weglyn 54
Zusammenfassende Tabelle der genauen Begriffe 67
Senator Daniel K. Inouye 71

Kapitel 3 – Menschlichkeit 79
Menschlichkeit 81
Dr. Toshio Inahara 86
Dr. James K. Okubo 91

Kapitel 4 – Respekt 93
Respekt 95
Japanische Etikette 97
Militärischer Geheimdienst (MIS) 102

Kapitel 5 – Ehrlichkeit 109
Ehrlichkeit 111
Tohoku-Erdbeben und Tsunami 2011 115
Uwajimaya 120

7

Kapitel 6 – *Ehre* 125
    Ehre 127
    Saigo Takamori 131
    Roy Matsumoto 136

Kapitel 7 – *Loyalität* 141
    Loyalität 143
    100./442. Regimentskampfteam 147
    Arthur Iwasaki 157
    522. Feldartilleriebataillon 160

Kapitel 8 – *Ganbaru* 167
    Ganbaru 169
    Mable Tsugawa 174

Einige Worte zum Schluss 181
Über die Autorin 185
Fotos 187
Glossar 205

Zum Geleit

Lori Tsugawa Whaley befasst sich mit den wichtigsten und einprägsamsten Aspekten des Samurai-Kriegers, die wir uns alle in uns selbst und anderen vorstellen können. Sie werden sich sofort von der Anschauung und den Erfahrungen der Autorin, die ein japanisch-amerikanischer Babyboomer ist, angezogen fühlen, und die auf der Suche nach Erkenntnissen gemäß ihrer eigenen Tradition und Kultur ist. Whaley zeigt uns, dass der Samurai-Krieger ein Meister, Lehrer und Philosoph ist, und wir beginnen zu verstehen, warum der Sinn und die Bedeutung der Samurai über deren eigene historische Epoche hinausweisen. Wir erfahren, dass Vorbilder der alten Samurai auch heute noch unter uns weilen und wir am besten damit bedient wären, uns an das Beste unserer Vergangenheit zu erinnern und es zu ehren, während wir uns in der Zeit vorwärts bewegen.

Whaley nimmt uns mit auf eine besondere Reise, die von Bewunderung, Stolz, Trauer, Kampf, Traurigkeit, Respekt und Hoffnung durchdrungen ist. Nachdenklich gestimmt, begreifen wir den Samurai-Krieger als ein äußerst menschenfreundliches Individuum und werden dadurch selbstbewusster, engagierter und präsenter in der Welt.

Dr. A. Daktari Alexander
Geschäftsführender Direktor, Interaction Transition

Danksagung

Zuallererst möchte ich John Whaley, meinem treuen Ehemann seit über 40 Jahren, meine Anerkennung und meinen Dank aussprechen. Du hast unzählige Stunden damit verbracht, das Manuskript zu lesen, Ratschläge zu geben und mir beim Schreiben dieses Buches zur Seite zu stehen. Dank dir ist dieses Buch nun Wirklichkeit geworden.

Ein besonderes Dankeschön an Nobuki Sugihara, weil du genauso akkurat bist wie dein Vater, Chiune Sugihara, denn dies ist sein Vermächtnis. Die Hinzufügung des Familienwappens/*kamons* und der Fotos hat das Kapitel Mut/*Yuuki* vervollständigt.

Domo arigato gozaimasu (»Danke« auf Japanisch) an meinen Herausgeber, Mike Jenkins. Dein Leben und Arbeiten in Japan hat dir Fachwissen und Verständnis für Japan und die japanische Kultur vermittelt. Dein Rat, dein Wissen, dein Sinn für Humor und deine Ermutigung waren von unschätzbarem Wert, und dafür bin ich dir dankbar. Du hast ein japanisches Herz.

Ich möchte folgende Organisationen und Personen für die Unterstützung bei diesem Projekt würdigend erwähnen: Danke an das Daniel K. Inouye Institute für die Herausgabe und Bereitstellung von Fotos und anderen Materialien. Vielen Dank an Denise Moriguchi, CEO von Uwajimaya Inc., für die Fotos und die Bearbeitung des Kapitels über Uwajimaya. Danke an das Japanese American National Museum (JANM) für die Unterstützung bei der Zurverfügungstellung des Fotos von Michi Nishimura Weglyn. Vielen Dank an Anna Akabori und Philip Tajitsu Nash für die aufschlussreiche Bearbeitung. Es war mir eine Ehre und ein Vergnügen, mit euch zu arbeiten: *domo arigatou gozaimasu!*

Apropos Ermutigung: Ich möchte mich bei meinem Buch-Coach Patrick Snow für sein Wissen und seine positive Einstellung bedanken, die mich immer wieder vorangebracht haben. Ein besonderer Dank geht auch an Chris Brusatte vom Go for Broke National Education Center, dessen Enthusiasmus, Energie und unerschütterliche Unterstützung mich in diesem Vorhaben bestärkt haben.

Mein tiefster Dank gilt dem Team von Tuttle Publishing für die fachkundige Beratung, Ermutigung, Unterstützung und den außerordentlichen Einsatz für dieses Buch. Es war eine lohnende Erfahrung, mit solch engagierten Profis zusammenzuarbeiten; ich fühle mich geehrt.

Eine aufrichtige Anerkennung und ein herzliches Dankeschön an alle, die ihre Zeit, ihr Talent, ihre Gaben, ihr Fachwissen und ihren Rat beigetragen haben: Jim Alan, Kim Chaney, Edale Clark, Ron Magden, Karen Matsumoto und Belinda Timpke.

Ein herzliches Dankeschön an meine Mentoren, sowohl in der Vergangenheit als auch in der Gegenwart: Sara Little Turnbull, Klemmer & Associates, Empowermax, Arvee Robinson, Eric Lofholm, Rick Cooper, Pastor Mark Biltz, Darnyelle A. Jervey und Star Bobatoon.

Ein besonderes Dankeschön an meine Schwestern, Mary Lynn Archer und Karen Tsugawa. Sie haben mich ermutigt und der Fertigstellung dieses Buches mit großer Vorfreude entgegengesehen. Mutter hatte recht, als sie sagte, wir werden alle gute Freundinnen sein!

Vorwort

Ich wurde kurz nach dem Zweiten Weltkrieg in einer hauptsächlich von Weißen bewohnten Gemeinde auf dem Land geboren, die nichts mit meiner japanischen Herkunft zu tun hatte. Tatsächlich war mir nicht klar, dass ich anders war, bis mich meine Klassenkameraden in der Grundschule damit hänselten; hier wurde ich erstmals mit Vorurteilen konfrontiert. Ich wurde für die Bombardierung von Pearl Harbor und den Zweiten Weltkrieg verantwortlich gemacht – eine schwere Belastung für junge Schultern, doch etwas in mir ließ nicht zu, dass der Schmerz, den ich fühlte, die Oberhand über mich gewann.

Nachdem ich das College 1978 mit einem Bachelor of Arts abgeschlossen hatte, bekam ich die Gelegenheit, im Tacoma Art Museum zu arbeiten. Ich war die Assistentin der Kuratorin, der internationalen Designerin Sara Little Turnbull, die meine erste Mentorin wurde. Gerade mal einsfünfzig groß, galt sie als *eine Größe im Design und erfinderischer Kopf*. Sara hatte einige Zeit zu Forschungszwecken in Japan verbracht und liebte die japanische Kultur, also ermutigte sie mich, mein japanisches Erbe zu erkunden. Meine Aufgabe war es, die Kunstgegenstände im »Sara Little Center for Design Research« zu erforschen und zu katalogisieren, von denen viele aus Japan stammten. Ich war fasziniert von der Schönheit, der Raffinesse und der Schlichtheit der japanischen Artefakte, und die Forschung hat mich förmlich verschlungen. Sie sagte immer, ich sei mehr Japanerin, als mir bewusst sei, und schlug vor, dass ich nach Japan reisen sollte; Sara bezeichnete sich selbst als meine »jüdische Mutter«. Es war Gottes Plan, mich mit meiner japanischen Herkunft auseinanderzusetzen und sie schätzen zu lernen.

1994 besuchte ich eine Ausstellung im Wing Luke Museum in Seattle, die dem Leben Chiune Sugiharas, auch bekannt als der japanische Schindler, gewidmet war. Die Ausstellung beschrieb Sugiharas Arbeit zur Rettung jüdischer Flüchtlinge in Litauen in den frühen Tagen des Zweiten Weltkrieges. Sein Mut hat mich zutiefst bewegt, und ein weiterer Samen in Bezug auf mein japanisches Erbe wurde gepflanzt.

Später, im Jahr 2003, sah ich den Film *Der letzte Samurai*, und ich fühlte mich mit der seelischen Kraft der japanischen Charaktere verbunden; meine Beschäftigung mit dem Thema Samurai und dem Bushido-Kodex nahm seinen Anfang. Diese beiden Ereignisse veranlassten mich, Schmerz in etwas Positives umzuwandeln und das zu akzeptieren, was ich einst verachtete; sie dienten auch als Anstoß für dieses Buch. Ich bin ein Sansei (ein japanischer Amerikaner der dritten Generation) und ein Nachkomme der Samurai-Krieger väterlicherseits.

Seit meiner ersten Reise nach Japan im Jahr 1982 bin ich zahlreiche Male zurückgekehrt, um meine japanische Herkunft zu studieren, sie zu beleuchten und eine tiefere Verbundenheit zu ihr zu knüpfen. Ich habe unermüdlich gelesen, geschrieben, Interviews geführt und geforscht, um Antworten zu finden; das ist meine Leidenschaft und meine Lebensaufgabe. Dieses Buch stellt einen Schritt der Erkenntnis und meine Reise nach Hause dar.

Diese Suche lehrt mich auch zu verstehen, welche Qualitäten Führerschaft ausmachen. Obwohl diese Prinzipien nicht nur in Japan gelten, hat mir diese Erforschung geholfen, mein japanisches Erbe mit Stolz anzunehmen. Es hat mir auch die Augen geöffnet, wie weit wir uns als Gesellschaft von diesen Grundsätzen entfernt haben.

Es ist noch nicht allzu lange her, da gab es eine Zeit, in der man sich auf ein gegebenes Wort verlassen konnte, man konnte seine Türen mit sicherem Gefühl unverschlossen lassen, weil man seine Nachbarn kannte. In unserer modernen Gesellschaft scheint die Unterscheidung zwischen richtig und falsch einer

Situationsethik gewichen zu sein. Der Begriff *ehrlicher Geschäfts-verkehr* wird fast schon als Oxymoron betrachtet. Sind wir der Mittelmäßigkeit erlegen? Gibt es heute Führungspersönlichkeiten, denen zu folgen sich lohnt?

Sind Sie besorgt über die Richtung, die unsere Gesellschaft einzuschlagen scheint? Machen Sie sich nicht nur Gedanken um sich selbst, sondern auch um die jüngeren Generationen wie Ihre Kinder, Enkel und Urenkel? Ist es Ihr Wunsch, diese Erde aufgrund dessen, weil Sie etwas dazu beigetragen haben, als einen besseren Ort zu hinterlassen?

Das Leben ist voller Herausforderungen. Durch Ausprobieren und Versuchen kann ein stärkeres Ich aus Ihnen hervorgehen. Wissen Sie, wie Sie die heutigen schwierigen Zeiten überstehen können, um zu überleben und zu wachsen? Haben Sie eine Strategie, um die Herausforderungen zu meistern, mit denen Sie sich konfrontiert sehen?

Diese Entschlossenheit, Herausforderungen zu meistern, war bei den japanischen Einwanderern, die sich in Amerika niederließen, tief verwurzelt. Dieser feudal geprägte Ehrenkodex verlieh ihnen ein moralisches und ethisches Gerüst, das ihnen ermöglichte, in einem Land zu überleben und zu gedeihen, das ihnen oft feindlich gesinnt war. Die Issei (japanische Einwanderer der ersten Generation in den Vereinigten Staaten) lehrten den Bushido-Kodex der Ehre und der Loyalität gegenüber der Familie und dem Land und dass man für die Kinder stets sein Bestes geben sollte. Die Nisei (japanische Amerikaner der zweiten Generation) waren die Generation, die das Leben hinter Stacheldraht während des Zweiten Weltkrieges überstand. Sie meldeten sich freiwillig, um ihrem Land sowohl in Europa als auch in Asien zu dienen.

In diesem Buch lernen Sie die Prinzipien der Samurai kennen und wie diese ihre Nachkommen beeinflusst haben. Sie werden entdecken, warum diese Prinzipien die Grundlage für große Führungsstärke wurden. Bushido bedeutet wörtlich »der Weg des Kriegers«; es ist der Kodex der Ritterlichkeit, der von den Kriegern des alten Japan, den Samurai, entwickelt wurde. Dieser Kodex bildete die Grundlage für ihr Verhalten und legte Nachdruck auf Mut, Loyalität und die Bereitschaft, eher zu sterben, als ehrlos zu sein. Im Laufe der Jahrhunderte beeinflusste er nicht nur die Samurai-Krieger, sondern die gesamte japanische Gesellschaft. Der Bushido-Kodex umfasst die folgenden Tugenden:

- Mut
- Integrität
- Menschlichkeit
- Respekt
- Ehrlichkeit
- Ehre
- Loyalität

Die Samurai oder Kriegerklasse entstand, als sich mächtige Clans zusammenschlossen, um sich gegen Übergriffe der Reichsgewalt zu wehren. Ihre Prinzipien umfassten einen Sinn für Ordnung, Ehre, Selbstlosigkeit und moralische Integrität. Sie verstanden, dass diejenigen, die mit Macht ausgestattet waren, diese zum Wohle der vielen und nicht für die Selbstsüchtigkeit einiger weniger ausüben mussten. Der Samurai widmete sein Leben der Einhaltung dieser Grundsätze und diente als Beschützer seines Herrn und der ihm anvertrauten Menschen. Die Prinzipien des Bushido-Kodex galten nicht nur für die Samurai-Krieger, sondern waren ein ethischer Kodex, der heute sowohl persönlich als auch beruflich in unserem täglichen Leben angewendet werden kann. In diesem Buch wird jedes Prinzip mit Beispielen von Menschen besprochen, die diese Grundsätze verkörpern.

Am Ende des Buches wird in einem Kapitel das japanische Wort *ganbaru* erläutert, das frei übersetzt so viel bedeutet wie: Gib dein Bestes, versuche dein Bestes, gib niemals auf und verausgabe dich! Es gibt mehrere Übersetzungen für dieses eine Wort *ganbaru*, denn wie so oft in der japanischen Sprache gibt es Wörter, die mehr als ein Gefühl und einen Geisteszustand beschreiben. Nach meinem Dafürhalten bezeichnet *ganbaru* eher eine Zusammenfassung des Bushido-Kodex. Samurai sind im Westen dafür bekannt, viele verschiedene Eigenschaften des Bushido-Kodex zu besitzen. Menschen zu dienen, nach Ehre zu streben und sein Bestes zu geben, sind gute Beispiele.

Ein Kollege und Autor, Bruce Brummond, hat ein passendes und zeitloses Akronym für das Wort Samurai geschrieben:

- **S**trategische
- **A**ktivierung
- **M**ilitärischer
- **U**ntermauerung
- **R**esultiert in
- **A**bsoluter
- **I**ntegrität

Ich habe dieses Buch geschrieben, um den mutigen Männern und Frauen Ehre zu erweisen, deren Leben diese Prinzipien veranschaulichen, indem sie sich – bewusst oder unbewusst – an den Bushido-Kodex hielten. Sie waren entschlossen, das Richtige zu tun, ohne Rücksicht auf die Konsequenzen. Ihre Entscheidungen kamen sie manchmal teuer zu stehen, aber unser Leben ist durch ihre Opfer auf ewig bereichert worden.

Ich möchte Sie als Leser inspirieren, informieren und mental stärken, in Ihrem privaten und geschäftlichen Leben aktiv zu werden. Meiner Meinung nach sind Sie geboren worden, um ein Leben voller Mut, Ehre und Integrität zu führen, und ich würde gerne Ihr Coach, Mentor und verantwortlicher Partner auf dieser Reise sein. Wenn Sie erst am Anfang stehen, herzlich willkommen! Wenn Sie bereits auf dem Weg sind, hoffe ich, dass Sie motiviert werden, weiterzumachen und Ihre höchsten Ziele, Träume und Visionen erreichen. Ganz gleich, an welchem Punkt Sie sich gerade befinden: Haken wir uns untereinander ein und unternehmen wir diese Reise gemeinsam! Sie können in der heutigen Gesellschaft ein Leben in Ehre führen. Lassen Sie sich von den Prinzipien des alten Samurai-Kodex auf diesem Weg leiten.

Sind Sie bereit, sich auf eine unglaubliche Reise zu begeben? Sind Sie offen für eine ehrenhafte Lebensweise im Privat- und im Berufsleben? Möchten Sie erfahren, was die alten Prinzipien der Samurai lehren, um Ihre Herausforderungen zu überwinden? Wenn Sie bereit sind, dann wetzen Sie Ihr Schwert und lassen Sie uns beginnen!

Lori Tsugawa Whaley

> In einem Jahr werden Sie sich wünschen, Sie hätten heute damit angefangen.
>
> **Karen Lamb**

BUSHIDO

Das japanische
Schriftzeichen für
den Weg des
Kriegers

Einleitung

Die Samurai und ihr ritterlicher Verhaltenskodex, bekannt als Bushido, beeinflussten die gesamte japanische Gesellschaft. Wer aber waren die Samurai und wie konnte eine Klasse von Menschen, die sich dem Krieg und der Gewalt verschrieben hatte, einen solchen Einfluss auf eine Kultur haben, die für ihre Höflichkeit, Manieren und ästhetische Schönheit bekannt war?

Das Wort *samurai* bedeutet wörtlich »der Dienende« und bezog sich ursprünglich auf Hausangestellte. Im Laufe der Zeit wurde es mit jenen militärischen Elitekriegern aus dem Adel verbunden, die der aristokratischen Klasse Sicherheit boten und ihnen als Kampftruppe dienten. Die ersten Samurai könnte man als kaiserliche Söldner bezeichnen.

Als die kaiserliche Familie versuchte, ihr Territorium über die Hauptstadt hinaus auszudehnen, wurden mehr solcher Krieger nötig. In Zusammenhang mit der Ausweitung der kaiserlichen Ansprüche begann ein zunehmender Teil der Nichtaristokraten – wohlhabende Landbesitzer – private Armeen zu gründen, um ihre eigenen Besitztümer zu schützen und zu erweitern.

Obwohl hauptsächlich aus adligen Familien stammend, galten die Samurai als nicht der Aristokratie zugehörig; stattdessen dienten sie als Söldnertruppen den verschiedenen rivalisierenden Gruppen innerhalb des Adels. Ihre militärischen Erfolge führten jedoch dazu, dass diese adeligen Familien beträchtliche Ländereien hinzugewannen, die wiederum von ihren Samurai als Vasallen verwaltet wurden. Schließlich gerieten diese Ländereien als Vergütung für ihre Dienste unter die Kontrolle der Samurai. Da der Besitz von Land der Grundpfeiler der Macht war, wuchs zwangsläufig auch die Macht der Samurai.

Machtkämpfe und Schlachten zwischen verschiedenen Fraktionen, die Samurai-Armeen im ganzen Land einsetzten, hielten jahrzehntelang an. Im späten 12. Jahrhundert war die Macht der Samurai der dominante Faktor, daher setzte der Kaiser den ersten Shogun oder Militärdiktator ein. Diese Ernennung legte ein Muster fest, nach dem die Samurai Japan für die meisten der nächsten sieben Jahrhunderte regierten. Die Errichtung der Kriegsherrschaft und der Aufstieg der Samurai zur beherrschenden Klasse sollte weitreichende Auswirkungen auf die Entwicklung der japanischen Gesellschaft haben. Die politische Hegemonie der Samurai übte ihren Einfluss nicht nur auf Herrscher und Gesetzgeber aus, sondern sie traten auch als Mäzene in Bildung und Kunst auf.

Es war während der Zeit der Tokugawa-Dynastie (1603 bis 1868), als der Einfluss der Samurai tatsächlich alle Aspekte der japanischen Gesellschaft zu durchdringen begann. Während dieser Zeit wurde Japan zu einer Gesellschaft, die sich von der Außenwelt abschottete. Mit der Vereinigung des Landes unter einer zentralen Militärregierung und dem Ausschluss westlicher Einflüsse brachte diese starre feudale Struktur eine Nation hervor, deren Mitglieder sich durch ein unglaublich diszipliniertes Wesen auszeichneten, das in mancher Hinsicht noch heute in Japan zu beobachten ist.

Für eine herrschende Klasse, die im Konflikt geboren wurde, wuchs die Sorge, dass der materielle Wohlstand der Tokugawa-Ära zu einer Schwächung des Kriegergeistes führen könnte. Dies wurde als eine Bedrohung für die moralische und soziale Ordnung der Gesellschaft angesehen. Aus dieser Besorgnis heraus wurde eine Kodifizierung der traditionellen praktischen Philosophien der Samurai zu einer grundlegenden Norm für die japanische Gesellschaft als Ganzes.

Bushido wurde zu einem Leitfaden für die moralische und praktische Ausbildung: ein japanischer Ritterkodex, der die persönlichen, sozialen und beruflichen Verhaltensstandards für die Samurai umriss.

Die feudalen und militärischen Formen dieses Kodex wurden nicht nur im Krieger, sondern auch in der Gesellschaft verankert. Alle Aspekte des Lebens, einschließlich der persönlichen Verantwortung, der familiären Beziehungen, der öffentlichen Pflichten, der Bildung, der Finanzen und der Ethik, wurden durch den kriegerischen Geist des Bushido erfasst.

Es gibt kein größeres Symbol für den Samurai-Krieger und den Kampfkodex, nach dem er lebte, als sein Schwert. Das Schwert galt als die Seele des Samurai. Was dieses Schwert einzigartig macht, ist sein Schmiedeprozess. Die speziellen Materialien für die Klinge wurden miteinander kombiniert und wiederholt erhitzt, gefaltet und gehämmert. Durch diese vielen wiederholten Schmiedevorgänge entstand eine Klinge, die fest, robust und widerstandsfähig war – perfekt für ein Samurai-Schwert. Abschließend trug der Schmiedemeister vor dem Erhitzen eine Schicht speziellen Klebetons in einem Muster auf einen Teil der Klinge auf. Nach dem Polieren verlieh dieses Muster dem Schwert ein einzigartiges Aussehen und eine individuelle Prägung.

Das Samurai-Schwert ist ein Meisterwerk der Stärke, Robustheit, Biegsamkeit und Schönheit: ein echtes Symbol des Samurai-Erbes. In vielerlei Hinsicht symbolisiert diese einzigartige Waffe nicht nur die Samurai, sondern auch die japanische Gesellschaft, die daraus entstand. Die Kombination von Stärke und Flexibilität wurden der Welt nach dem verheerenden Erdbeben und dem Tsunami vom 11. März 2011 vor Augen geführt. Die Welt sah ein Volk, das sich beugte, aber nicht zerbrach; ein Volk, das von menschlicher Robustheit erfüllt und entschlossen war, weiterzumachen und das zu tun, was getan werden musste, ohne sich zu beklagen oder Chaos zu verursachen; ein Volk, das moralische und ethische Weisheit verinnerlichte und in die Tat umsetzte. Dies lässt sich in dem Ausdruck zusammenfassen: Stets das Richtige tun. Diese Philosophie ist bis heute in allen Aspekten des japanischen Lebens verankert und das Vermächtnis der Samurai.

Das Schwert kann auch als eine Metapher für das Leben gesehen werden. Durch das wiederholte Erhitzen, Hämmern und Falten der Materialien wird die Schlacke entfernt, und die elementaren Eigenschaften vereinen sich in der Hitze des Ofens, sodass sie eine noch bessere Qualität erhalten, wodurch ein stärkeres und geschmeidigeres Material entsteht.

Im Leben begegnen wir oft unseren eigenen »Feueröfen« oder Herausforderungen; diese formen unseren Charakter und bringen letztlich ein stärkeres, weiseres und flexibleres Ich hervor.

Die Welt wurde Zeuge, wie sich Japan von einem kriegsgebeutelten Land zu einer wirtschaftlichen Supermacht entwickelte, und sie war erstaunt. Viele Unternehmen und Gesellschaften wollten die Konzepte hinter dem japanischen Geschäftsmodell studieren und nachahmen; zum Beispiel *keizen*, was »ständige Verbesserung« bedeutet. In japanischen Firmen und Organisationen herrscht eher ein Teamgeist als in der westlichen Gesellschaft. Die japanische Denkweise ist auf das Wohl aller ausgerichtet und hat mehr von einer Gruppenmentalität.

> Im Pantheon der Krieger ist der Samurai sicherlich der größte.
>
> ---
>
> **Tetsuro Shigematsu,**
> **ein Nachfahre der Samurai**

Nach dem Erdbeben und dem Tsunami im Jahr 2011 haben sich die Menschen in Japan der Situation gewachsen gezeigt, sie halfen sich gegenseitig und teilten miteinander. Dies zeigte der Welt die Stärke und Güte der moralischen und ethischen Integrität Japans angesichts der Tragödie. Das Beispiel dieser Menschen mag als Inspiration für unser Geschäfts- und Privatleben dienen; denn es lässt uns erkennen, was es mit dem »Weg des Kriegers« auf sich hat. Fragen Sie sich: »Was würde der Samurai tun?«

Kapitel 1

Mut

YUUKI

Das japanische
Schriftzeichen
für Mut

Mut

Man kommt nicht unbedingt mit Mut zur Welt, aber
man wird mit dem Potenzial dazu geboren. Ohne Mut
können wir keine andere Tugend konsequent praktizie-
ren. Wir können nicht menschlich, wahrhaftig, barm-
herzig, großzügig oder ehrlich sein.

— Dr. Maya Angelou —

Webster (eigentlich Merriam-Webster's Collegiate Dictionary, ein in den USA bekanntes Wörterbuch, Anm. d. Übers.) definiert Mut als geistige oder moralische Stärke, etwas zu wagen und durchzuhalten und Gefahren, Ängsten oder Problemen zu widerstehen. Im Japanischen ist *yuuki* das Kanji für das deutsche Wort Mut. Kanji ist die alte japanische Schriftform, die ursprünglich von den chinesischen Schriftzeichen oder Ideogrammen abgeleitet wurde. Diese Ideogramme wurden verwendet, um Gedanken und Gegenstände darzustellen. Die Kombination von Ideogrammen ermöglichte es, komplexere Konzepte, Überlegungen, Ideen oder Ausdrücke zu vermitteln. Das Wort *yuuki* setzt sich aus zwei Zeichen zusammen; das erste Kanji, *yuu*, meint Tapferkeit oder Heldentum, und das zweite, *ki*, bedeutet Geist oder Verstand. Kombiniert ergeben sie das japanische Äquivalent des Wortes *Mut* oder *Courage. Yuuki* meint wörtlich übersetzt die Tapferkeit des Geistes.

Es ist das, was meine Mutter und mein Vater »Mut haben« nannten; die Fähigkeit zu handeln, ein Risiko einzugehen, sich zu engagieren … denn tief im Inneren sagt dir etwas, dass da mehr ist. Es gibt etwas, das alle anderen übersehen: die Chance, eine Gelegenheit zu ergreifen oder einfach nur das Richtige zu tun.

Mut ist die Fähigkeit, sich der Not oder der Gefahr zu stellen und angesichts dessen richtig zu handeln. Gelegentlich kann dies Spott, den Verlust von Beziehungen, persönliche und finanzielle Not, Gefängnis und sogar den Tod bedeuten. Was braucht es, um in schweren Zeiten mutig weiterzumachen? Warum sind manche Menschen so zäh, körperliche, geistige oder persönliche Gefahren einzugehen, um über Drangsal zu triumphieren?

Mut hat verschiedene Aspekte, die vom Risiko körperlicher Schäden bis hin zu geistiger Ausdauer und Entschlossenheit reichen. Mut erfordert sowohl physisches als auch seelisches Durchhaltevermögen, um über Widrigkeiten zu triumphieren. Mut hat nichts mit Eigensinn oder Fahrlässigkeit zu tun; es gilt, die Gefahren und Risiken in Betracht zu ziehen, wenn man mutig handelt. Der Mutige wägt die Risiken ab und handelt dann im Dienst einer größeren Sache.

Seit Anbeginn der Zeit haben Geschichten von mutigen Persönlichkeiten die Menschheit inspiriert. Beispiele dafür sind die biblische Erzählung von David, dem jungen Hirtenjungen, der es wagte, sich dem Riesen Goliath zu stellen, welcher sich dem Heer und dem Gott Israels widersetzte; und die Geschichte des spartanischen Königs Leonidas, der mit seiner kleinen Schar von Kriegern der riesigen persischen Armee an den Thermopylen entgegentrat und bis zum letzten Mann kämpfte.

Was machte diese Menschen so besonders? Sie waren vor allem Krieger, die bereit waren, für etwas, an das sie glaubten, zu kämpfen, danach zu streben und beharrlich ihren Weg zu gehen. An diese Menschen erinnert man sich wegen ihres physischen Mutes. Wir alle werden gelegentlich mit Situationen konfrontiert, die das infrage stellen, was wir über unsere Arbeit, unsere

Träume und uns selbst denken. Es ist diese Fähigkeit, die unseren Mut ausmacht, nämlich unser Bestes zu geben und ausdauernd zu bleiben.

Die Samurai-Krieger in Japan waren bereit, für ihre Prinzipien zu kämpfen und zu sterben. Für sie war ihre heilige Pflicht gegenüber ihrem Herrn wichtiger als ihr eigenes Leben. Die Beibehaltung des Bushido-Kodex war ihr einziger Lebenszweck.

Täglich handeln Menschen mutig, um Leben zu schützen: Gesetzeshüter, Feuerwehrleute und alle, die in unseren Streitkräften dienen, damals wie heute. Wir schulden ihnen viel Dankbarkeit.

Wir bewundern nicht nur den körperlichen, sondern auch den geistigen und seelischen Mut. Thomas Edison entwickelte die Glühbirne nach Tausenden von Fehlschlägen. Helen Keller, die in jungen Jahren taub und blind wurde, wagte es, ihre Welt der Stille und der Dunkelheit zu überwinden, um den Weg für ihre eigene und für zukünftige Generationen zu ebnen. Walt Disney und Colonel Sanders ertrugen finanzielle Nöte, Spott und etliche Absagen, bevor sie ihre Träume verwirklichten. Aus jüngerer Zeit ist Ihnen vielleicht der Name des Piloten Chesley B. Sullenberger III in Erinnerung geblieben, der mit seinem Passagierflugzeug aufgrund technischer Probleme mutig und sicher auf dem Hudson River landete und das Leben aller an Bord rettete.

Nachdem Japan im Zweiten Weltkrieg besiegt wurde, richtete es sein Augenmerk und seine Kraft auf die Entwicklung neuer Produkte und Unternehmen. Beseelt von dem Mut und der Entschlossenheit der Samurai stieg Japan in kürzester Zeit zu einer wirtschaftlichen Supermacht auf. In Ehrfurcht versuchte der Rest der Welt, Japans Errungenschaften zu kopieren, indem man seine Geschäftsmethoden studierte.

Das Wunder, das das kriegszerstörte Japan in ein heutiges wirtschaftliches Machtzentrum verwandelte, erforderte den Mut der Regierung, der Industrie und der Menschen. Denselben Mut konnten wir am 11. März 2011 bezeugen, als Japan von einem Tsunami überrascht wurde. Das Ausmaß der Verwüstung an der Nordostküste Japans war herzzerreißend. Doch trotz des Verlustes von Leben und Eigentum brachten die Menschen den Mut und den Willen zum Wiederaufbau und Weitermachen auf. Dieser Samurai-Geist ist in den Seelen des heutigen Japan genauso verankert wie in den Tagen des Shoguns.

Wie Sie gleich lesen werden, stand der japanische Konsul in Litauen, Chiune Sugihara, in den frühen Tagen des Zweiten Weltkrieges vor der schwierigsten Entscheidung seines Lebens. Sollte er der japanischen Regierung gehorchen und damit Transitvisa für jüdische Menschen verweigern, die der Vernichtung durch die Nazis entkommen wollten? Oder hörte er auf die Stimme in seinem Inneren, die ihm befahl, das zu tun, von dem er wusste, dass es richtig war? Was würden Sie in dieser Situation tun? Wir werden ständig mit Entscheidungen konfrontiert, die unseren Charakter auf die Probe stellen. Wie bringen Sie den Mut auf, die Entscheidung zu treffen, die Ihr Unternehmen vielleicht in eine andere Richtung lenkt? Ein unbekanntes Terrain zu betreten, das Ihr Leben verändern wird? Oft ist es angebracht, das zu tun, was einfach ist, aber ist es auch das Richtige oder Beste für Sie?

Wie wir im japanischen Kanji-Zeichen für Mut gesehen haben, verschmelzen hier die Zeichen für Tapferkeit und Geist miteinander. Tapferkeit ist für uns leicht nachvollziehbar, weil wir sie in Handlungen und Taten manifestiert sehen. Der Begriff des Geistes ist jedoch hinsichtlich unserer physischen Welt nicht so leicht zu begreifen. Geist bedeutet in diesem Sinne die Absicht, die hinter einer bestimmten Handlung steht. Man könnte sogar sagen, dass die Intention eines Menschen die Tapferkeit oder den Mut hervorbringt, die für die Durchführung der Handlung erforderlich sind. Wenn Sie beruflich oder privat damit hadern, eine Entscheidung zu treffen, prüfen Sie das gewünschte Ergebnis. Ist Ihr Vorsatz stark genug, den nötigen Mut aufzubringen, um zu handeln?

Denken Sie daran: Mut bedeutet nicht, töricht zu sein, sondern vielmehr die Entschlossenheit, trotz der Umstände erfolgreich zu sein. Seien Sie sich der Konsequenzen bewusst, aber lassen Sie nicht zu, dass die Angst vor dem Scheitern der entscheidende Faktor ist. Es ist oft besser, etwas zu versuchen und zu versagen, als es überhaupt nicht zu versuchen. Dem Samurai wurde beigebracht, seine Angst zu kontrollieren und sie zu nutzen, um ihn zu Höchstleistungen zu motivieren, indem er sich auf die Ehre dessen konzentrierte, für das er sich verpflichtet hatte. Wie der Samurai können auch Sie sich mutig Ihren Schlachten stellen.

> Ich lernte, dass Mut nicht die Abwesenheit von Angst ist, sondern der Triumph über sie. Der mutige Mann ist nicht derjenige, der keine Angst hat, sondern derjenige, der sie besiegt.
>
> **Nelson Mandela**

Chiune Sugihara

Familienwappen der Sugihara

Geboren an einem kalten und verheißungsvollen Tag – dem 1. Januar 1900 –, war Chiune Sugihara das zweite Kind von insgesamt fünf Jungen und einem Mädchen; sein Vater Yoshimizu gehörte der Mittelklasse an, seine Mutter Yatsu stammte aus einer Samurai-Familie.

Chiune Sugiharas Samurai-Erbe sollte seinen Charakter und seinen Lebensweg beeinflussen.

Sugihara war ein hervorragender Schüler und erfüllte seinen Vater mit Stolz, er schloss die Mittelschule mit hohen Auszeichnungen ab. Sein Vater plante seine Zukunft und wünschte sich, dass er sich an einer angesehenen medizinischen Hochschule in Korea einschreibt; zu jener Zeit war Korea Teil des japanischen Kaiserreichs. Obwohl Sugihara den Anblick von Blut nicht mochte und selbst nicht Arzt werden wollte, versuchte er, den Sitten seiner Zeit zu folgen. Sein Vater Yoshimizu war davon überzeugt, dass sein Sohn Arzt werden würde.

Ein wichtiger Wesenszug eines Kindes japanischer Eltern ist *oya koko* – Respekt vor den Eltern zu zeigen. Um seinen Vater nicht zu enttäuschen, diskutierte Sugihara mit ihm nicht mehr seinen Wunsch, Sprachen zu lernen und zu lehren. Gehorsam machte er sich, obwohl er innerlich aufgewühlt war, auf den Weg zur anberaumten Aufnahmeprüfung für die medizinische Fakultät. Sollte er den Wünschen seines Vaters oder seinem eigenen Herzenswunsch folgen, Fremdsprachen zu studieren und die Welt zu bereisen?

Bei der medizinischen Aufnahmeprüfung schrieb Sugihara seinen Namen auf das Papier, beantwortete aber keine der Fragen, was bedeutet, dass er nicht an der Prüfung teilnahm. Es kostete ihn enormen Mut, sich seinem Vater zu widersetzen und einen anderen Weg einzuschlagen. Bis zu diesem Zeitpunkt war er ein vorbildlicher Sohn, doch wegen seines Ungehorsams war es mit den Verpflichtungen seines Vaters ihm gegenüber vorbei. Oft bringt der Status quo nur Mittelmäßigkeit hervor. Um zu wachsen, muss man vielleicht gegen den Strom schwimmen; das hat seine eigenen Risiken. Eigenbrötler mögen oft scheitern, aber der Geist, der in ihnen wohnt, gibt ihnen den Mut, wieder aufzustehen. Sugihara war solch ein Außenseiter, der es wagte, anders zu sein und nach dem zu handeln, von dem er wusste, dass es sein Lebensweg war. Wie viele japanische Jungen in dieser Situation, besonders zu jener Zeit, würden ein solches Risiko eingehen? Wie viele Menschen wären heute bereit, alles zu riskieren, um das zu tun, von dem sie wissen, dass es das Richtige ist? Sind Sie bereit, ein solches Risiko einzugehen?

Sugiharas Entscheidung, den Wunsch seines Vaters nicht zu befolgen, erforderte enormen Mut, insbesondere in der japanischen Gesellschaft seiner Zeit. Die Samurai-Traditionen waren immer noch augenfällig, vor allem innerhalb der Familienhierarchie. Er verstand seine Seele und den Weg, den er gehen sollte; entschlossen wie ein Samurai folgte Sugihara dem, was er für das Richtige hielt. Durch diese eine Tat riskierte er nicht nur, die finanzielle Förderung zu verlieren, die er für seine weitere Ausbildung benötigte, sondern auch die emotionale Unterstützung seines Vaters und der Kultur im Allgemeinen. Nur wenige von uns stehen in diesem jungen Alter vor einer solch lebensverändernden Entscheidung. Hätten wir den Mut, den Status quo zu hinterfragen, alles zu riskieren, um das zu tun, wovon wir in unserem Herzen wissen, dass es die richtige Entscheidung ist? Dies widersprach allem, was er in seiner Kindheit gelernt hatte, denn einem guten Samurai wird beigebracht, Befehle zu befolgen.

Auf sich allein gestellt, schrieb sich Sugihara 1918 an der renommierten Waseda-Universität in Tokio ein, um englische Literatur zu studieren. Während seines Studiums antwortete er auf eine Anzeige des japanischen Außenministeriums, in der Rekruten gesucht wurden. Potenziell qualifizierte Kandidaten wurden aufgefordert, sich für eine Rekrutierung zu bewerben. Es waren viele Anforderungen und schwierige Tests zu bestehen; die meisten Kandidaten studierten zwei bis drei Jahre, doch Sugihara hatte nur einige Monate Zeit, um einen Plan für seine weitere Ausbildung vorzubereiten und auszuführen. Mit der Zielstrebigkeit eines Samurai und einem intensiven Studium bestand er diese schwierige Prüfung. Er führte seinen Plan mit Intelligenz und Mut aus. Sugihara verfasste später ein Handbuch, in dem er seine Methode des Studierens und des Bestehens einer Prüfung beschrieb, wobei er sich insbesondere auf die Bedeutung des Lesens und die Entwicklung des Wortschatzes konzentrierte. Seine Fähigkeit, einen Plan vorzubereiten und auszuführen, sollte ihm und der Menschheit zum Vorteil gereichen, indem er Tausende von Leben in einer schrecklichen Zeit rettete.

Nachdem er die Prüfung bestanden hatte, wurde Sugihara an die Harbin-Gakuin-Universität in der Mandschurei geschickt, wo er Russisch unterrichtete. Harbin Gakuin betonte den Dienst an anderen, eine Philosophie, die er verinnerlichte. Er zeichnete sich in Russisch aus, und das öffnete ihm viele Türen. Im Jahr 1920 wurde er in die japanische Armee eingezogen und verbrachte ein Jahr in Korea während seines Pflichtdienstes beim Militär.

Im Jahr 1924 kehrte Sugihara nach Harbin zurück. Er wurde vom japanischen Außenministerium angestellt, wo er in der russischen Abteilung in Harbin tätig war. Bis 1932 machten ihn seine Russischkenntnisse zu einem aufsteigenden Stern innerhalb der japanischen Regierungsdienste. Kurz darauf stellte ihn das mandschurische Außenministerium als Dolmetscher in der dortigen russischen Abteilung ein. Seine nächste Position war die des stellvertretenden Beauftragen desselben Amtes.

Zu dieser Zeit machte die Kaiserlich Japanische Armee ihren starken Einfluss auf das mandschurische Außenministerium und seine Politik geltend. Der Anblick militärischer Brutalität gegen die chinesische Zivilbevölkerung wurde für Sugihara unerträglich. Er stand vor der Entscheidung, entweder seine Karriere voranzutreiben oder auf sein Gewissen zu hören. Obwohl er von seinen Vorgesetzten unter Druck gesetzt wurde, entschied er sich abermals dafür, das zu tun, was er für richtig hielt. Entschlossen schrieb Sugihara einen Protestbrief gegen die Brutalität des japanischen Militärs und trat anschließend von seinem Posten zurück.

In Sugiharas Handlungen erkennen wir seinen wahren Charakter. Wir dürfen nicht vergessen, dass er seine Entscheidungen zu einer Zeit traf, als der japanische Nationalismus auf dem Vormarsch war. Er war sich des Risikos bewusst, das er nicht nur für seine Karriere, sondern möglicherweise für sein eigenes Leben einging. In seinem Vorgehen spiegelt sich der zugrunde liegende Geist des Bushido. Wir verstehen in diesem einen Wesenszug den Grund, warum die Samurai furchterregende und doch edle Individuen waren.

Sugihara kehrte 1935 nach Japan zurück. Das japanische Außenministerium sah über seinen Rücktritt hinweg und stellte ihn wieder für den Dienst ein. Während seiner Zeit in Japan lernte er Yukiko Kikuchi kennen und heiratete sie im Jahr 1936. Sie sollte während der kommenden Prüfungen, die das Leben an ihn stellte, an seiner Seite sein.

Chiune und Yukiko Sugihara wurden ein Jahr nach ihrer Heirat stolze Eltern ihres ersten Sohnes, Hiroki. Kurz nach Hirokis Geburt übersiedelte die Familie Sugihara nach Finnland, wo Chiune als Übersetzer in der Gesandtschaft in Helsinki eingesetzt wurde. Während sie in Helsinki stationiert waren, wurde ihr zweiter Sohn, Chiaki, geboren.

Nach zwei Jahren Dienst in Finnland wurde Sugihara versetzt, um ein Konsulat in Kaunas, Litauen, zu eröffnen; zu jener Zeit herrschten in ganz Europa Aufruhr und Unruhen. Er wurde beauftragt, die deutschen Aktivitäten entlang der sowjetischen Grenzen zu beobachten, und da er sowohl Russisch als auch Deutsch beherrschte, war er die ideale Person für diesen Posten. Hier in Kaunas kam auch sein dritter Sohn, Haruki, zur Welt.

Während Hitlers Armeen weiter nach Osteuropa vorrückten, lief der jüdischen Bevölkerung die Zeit für ein Leben in Sicherheit davon. Ende Juli 1940 kamen Hunderte jüdischer Flüchtlinge aus Polen nach Litauen und versuchten verzweifelt, der Verfolgung durch die Nazis zu entgehen. Die Flüchtlinge machten sich auf den Weg zum japanischen Konsulat, weil sie gehört hatten, der Vernichtung zu entkommen, wenn sie japanische Transitvisa erhielten. Jeden Tag flehten verängstigte Männer, Frauen und Kinder vor dem japanischen Konsulat händeringend um ihr Leben.

Sugihara stand vor der schwierigsten Entscheidung seines Lebens. Durch die japanische Tradition war er zu Gehorsam verpflichtet, aber er war ein Samurai, dem gelehrt wurde, Menschen in Not zur Seite zu stehen. Dreimal bat er die japanische Regierung um Erlaubnis, zu helfen, aber jedes Mal wurde sie ihm verweigert. Wenn er seiner Regierung nicht gehorchte, musste er mit Schande und Unehre rechnen. Für ihn war es ein gewaltiges Unterfangen, der Regierung den Gehorsam zu verweigern, was völlig gegen die japanische Tradition verstieß. Außerdem würde sein Ungehorsam zu extremen finanziellen Schwierigkeiten für seine Familie führen und ihr Leben in diesen harten Zeiten riskieren.

Um ihr endgültiges Ziel zu erreichen, mussten die jüdischen Flüchtlinge die Sowjetunion durchqueren. Chiune konnte mit den sowjetischen Behörden ein Abkommen aushandeln, das die Passage durch sowjetisches Territorium aufgrund der japanischen Transitvisa ermöglichte. Ein solches Visum lieferte die erforderlichen sowjetischen Dokumente, um Litauen verlassen zu können, durch die Sowjetunion zu reisen und dann das Land in Richtung Japan zu verlassen. Die Verhandlungen erforderten viel Geschick und Planung, ähnlich wie das Bestehen der Prüfung für das Außenministerium. Die Zeit für die Ausführung des Plans war knapp bemessen und konnte beträchtliche Folgen nach sich ziehen.

Sugihara und Yukiko fürchteten um ihre gesamte Familie. Die Entscheidung, zu helfen, würde ihr Leben für immer beeinflussen; sie könnten einer düsteren Zukunft entgegensehen oder mussten mit einer Bestrafung durch die Regierung rechnen. Beide waren sich einig, dass sie keine andere Wahl hatten.

Sugihara entschied sich für *yuuki*, die »Tapferkeit des Geistes«, wie es seine Samurai-Vorfahren vorgelebt hatten. Angesichts der Gefahr beschloss er, für das einzutreten, von dem er wusste, dass es richtig war, ungeachtet der persönlichen Konsequenzen. Er stand mit beiden Beinen auf denselben Grundüberzeugungen, von denen sich die alten Samurai-Krieger vor langer Zeit leiten ließen.

Im besetzten Europa wurden jeden Tag Tausende Juden inhaftiert und ermordet. Aufgrund dieser Situation begann Sugihara, entgegen seiner direkten Befehle, auf eigene Faust Transitvisa auszustellen. Vom 31. Juli bis zum 4. September 1940 stellte er unermüdlich handgeschriebene Visa aus, 18 bis 20 Stunden pro Tag, und produzierte damit eine Menge, die sonst dem Umfang eines normalen Monats entsprach: 200 bis 300 Stück. Er legte kaum Pausen ein, um zu essen oder sich auszuruhen, und arbeitete allein an den Visa, um seine Familie nicht zu gefährden. Er erlaubte Yukiko nicht, ihm dabei zu helfen, weil er nicht wollte, dass sie darin verwickelt wurde.

> Selbst ein Jäger bringt es nicht über sich, einen Vogel zu töten, der Zuflucht bei ihm sucht.
>
> ———
>
> **Japanisches Sprichwort**

Während der Zeit, in der Sugihara die Transitvisa ausstellte, bestand die sowjetische Regierung darauf, dass er Kaunas verließ, und das japanische Außenministerium gab den Befehl, die Botschaft zu schließen und zu räumen. Er ignorierte beide Befehle und stellte weiterhin Visa aus, um das Leben der jüdischen Flüchtlinge zu retten. Schließlich wurde er aufgefordert, nach Berlin abzureisen; traurigen Herzens erkannten die Sugiharas, dass es Zeit war, zu gehen.

Fünfundvierzig Jahre nach der sowjetischen Annexion Litauens wurde Sugihara gefragt, warum er die Visa für die Juden ausgestellt hatte. Er erklärte, dass es sich bei den Flüchtlingen um Menschen handelte, die einfach Hilfe brauchten:

Sie wollen etwas über meine Motivation erfahren, nicht wahr? Nun ja.
Es ist die Art von Gefühlen, die jeder Mensch hätte, wenn er tatsächlich
Flüchtlinge von Angesicht zu Angesicht sieht, die mit Tränen in den Augen
betteln. Er kann einfach nicht anders, als Mitleid für sie zu empfinden.
Unter den Flüchtlingen waren ältere Menschen und Frauen. Sie waren so
verzweifelt, dass sie sogar meine Schuhe küssten. Ja, ich habe solche Szenen
tatsächlich mit eigenen Augen gesehen. Außerdem hatte ich damals den
Eindruck, dass die japanische Regierung in Tokio keine einheitliche Mei-
nung hatte. Einige japanische Militärs hatten nur Angst vor dem Druck
der Nazis, während andere Beamte im Innenministerium einfach nur im
Zwiespalt mit sich selbst waren.

Die Leute in Tokio waren sich nicht einig. Ich hielt es für dumm, mich
mit ihnen auseinanderzusetzen, also entschied ich mich, nicht auf ihre
Antwort zu warten. Ich wusste, dass sich in Zukunft garantiert jemand
über mich beschweren würde. Aber ich selbst dachte, dass es das Richtige
wäre, das zu tun. Es ist nichts falsch daran, das Leben vieler Menschen zu
retten ... der Geist der Menschlichkeit, Philanthropie ... Nächstenliebe ...
mit dieser Einstellung wagte ich das, was ich tat, und stellte mich dieser
äußerst schwierigen Situation – und aus diesem Grund ging ich mit ver-
stärktem Mut voran.[1]

Nachdem sie Litauen verlassen hatten, reisten die Sugiharas
nach Berlin, dann in das Reichsprotektorat Böhmen und Mäh-
ren (ehem. Tschechoslowakei, Anm. d. Übers.), nach Ostpreu-
ßen und schließlich nach Bukarest in Rumänien. In Bukarest
blieben sie bis zum Ende des Zweiten Weltkrieges im Jahr 1945.
Von russischen Soldaten gefangen genommen, wurde die Familie als Kriegsgefangene für etwa 18 Monate in einem rumäni-
schen Gefangenenlager interniert.

---

[1] Wikipedia online; »Chiune Sugihara«, http://en.wikipedia.org/wiki/
Chiune_Sugihara

Während des kalten, strengen Winters 1946 wurden die Sugiharas entlassen und kehrten nach Japan zurück; leider starb ihr jüngstes Kind, Haruki, kurz nach ihrer Ankunft. Die Rückkehr nach Japan dauerte ungefähr eineinhalb Jahre, da die sowjetischen Behörden die Rückreise erschwerten, verzögerten und für Ungewissheit bei den Sugiharas sorgten.

Nach der Rückkehr nach Japan hoffte Sugihara, seine Karriere fortsetzen zu können. Er war jedoch enttäuscht und fühlte sich gedemütigt, als er vom Ministerium zum Rücktritt aufgefordert wurde. Das Außenministerium sagte, dass es wegen des Kriegsendes Stellen abbauen werde. Infolge eines privaten Gesprächs vermutete er jedoch, dass die Maßnahme in Zusammenhang mit dem Vorfall in Litauen stand. In der japanischen Kultur ist es üblich, das Gesicht zu wahren, und er bedauerte die Schmach, die seiner Familie zugefügt wurde, war aber stets der Meinung, das Richtige getan zu haben.

Um seine Familie zu unterstützen, arbeitete Sugihara in verschiedenen Berufen: als Sprachlehrer und als Manager für die von der US-Regierung betriebenen PX-Stores auf amerikanischen Militärbasen. Die Familie litt unter Entbehrungen und lebte bis in die frühen 1960er-Jahre in Armut. Sugihara bemühte sich, trotz emotionaler und finanzieller Not durchzuhalten, stets das Richtige zu tun und sich an den Bushido-Kodex der Samurai zu halten.

Mitte der 1960er-Jahre fand Sugihara eine Anstellung als Filialleiter einer japanischen Handelsgesellschaft in der Sowjetunion, doch die Stelle erforderte, in Moskau zu leben. Sechzehn Jahre lang war er die meiste Zeit von seiner Familie getrennt. Er konnte seine Liebsten zweimal im Jahr besuchen und schickte den größten Teil seines Lohns an Yukiko und seine Familie. Er ertrug viele Entbehrungen und Leiden, um die zu retten, die er liebte, weil er wusste, dass er richtig handelte.

1968, während eines seiner Besuche in Japan, erhielt Sugihara einen unerwarteten Anruf von der israelischen Botschaft. Ein Herr Nishri, Attaché der israelischen Botschaft, war zu Besuch in Japan und wollte Sugihara treffen. Nishri war ein jüdischer Wirtschaftsvertreter, der während des Zweiten Weltkrieges in Litauen ein Transitvisum für die Ausreise beantragt hatte: Er zeigte Sugihara das Visum, das dieser 28 Jahre zuvor ausgestellt hatte. Nishri hatte viele Jahre nach Sugihara gesucht, um ihm zu danken, dass dieser sein Leben gerettet hatte. Obwohl Nishri sich zuvor erkundigt hatte, ob auch andere durch die Visa gerettet worden waren, behauptete die japanische Regierung, keine Informationen darüber zu haben. Es war ein emotionales Wiedersehen für beide Männer, und Sugihara erkannte, dass seine Bemühungen nicht umsonst gewesen waren. Später freute er sich, als er erfuhr, dass die meisten der Visa-Empfänger überlebt hatten!

Es wird berichtet, dass Sugihara im Sommer 1940 über 2000 Transitvisa ausgestellt und damit über 6000 Menschenleben gerettet hatte. Unter den Überlebenden befanden sich alle Mitglieder der Mirrer Yeshiva, einem jüdischen Institut für religiöse Studien, das aus über 300 Studenten und Mitarbeitern bestand. Die Mirrer Yeshiva war die einzige Hochschule, deren gesamte Mitgliedschaft den Holocaust überlebte. Im März 2015 besuchte Nobuki Sugihara, der jüngste Sohn von Chiune Sugihara, die Mirrer Jeschiwa in Brooklyn, New York. Heute gibt es schätzungsweise über 100 000 Nachkommen dieser Transitvisa-Empfänger, die ihr Leben Chiune Sugihara und seiner Familie verdanken.

Am 29. November 1984 wurde Chiune Sugihara (alias Sempo Sugihara) von Yad Vashem, der Internationalen Holocaust-Gedenkstätte in Jerusalem, als »Gerechter unter den Völkern« ausgezeichnet. Diese Auszeichnung wird an nichtjüdische Menschen verliehen, die ihr Leben riskiert haben mit dem Ziel, Juden während des Holocausts zu helfen, wobei es eindeutig gewesen

> Wer ein Menschenleben rettet, dem wird
> es angerechnet, als würde er die ganze
> Welt retten.
>
> ---
>
> **Aus dem Talmud**

sein muss, dass man Juden retten und nicht etwaige persönliche Vorteile daraus ziehen wollte. Sugihara war der erste Asiate, der diese Auszeichnung erhielt. Seine Frau Yukiko und sein Sohn Hiroki nahmen die Auszeichnung in seinem Namen entgegen, da er sich selbst nicht kräftig genug fühlte, zu reisen. In Jerusalem wurden Bäume in Sugiharas Namen gepflanzt, auch ein Park ist ihm zu Ehren benannt.

In Yaotsu (Präfektur Gifu) wurden ihm zu Ehren ein Denkmal und ein Museum errichtet, die seinen mutigen Einsatz dokumentieren. Dieses 1992 fertiggestellte Projekt wurde passenderweise der »Hügel der Menschlichkeit« genannt.

Während einer Japanreise im Oktober 2010 besuchten mein Mann und ich den »Hügel der Menschlichkeit« in Yaotsu. Es war eine zutiefst bewegende Erfahrung, die mich immer noch berührt. Ausgestellt waren Bilder, Visa und Erinnerungsstücke, die Chiune Sugiharas Geschichte von der Rettung so vieler jüdischer Flüchtlinge erzählten; er war ein wahrhaft mutiger Samurai. Als ich zwischen den vielen Artefakten umherging, wurde mir klar, dass ideelle Richtlinien und Prinzipien wichtig sind und dass sie Menschen, Unternehmen und Gesellschaften zum Besseren verändern können, weit über ein ganzes Leben hinaus. Sugihara war sich der Folgen seines Handelns bewusst, doch er wusste in seinem Herzen, was er zu tun hatte, und aufgrund dessen, was er für wahr hielt, hatte er den Mut zu handeln. Manchmal denken Sie vielleicht »Ich bin nur einer von vielen Menschen« und haben das Gefühl, Sie oder Ihr Beitrag seien unbedeutend. Wir sehen jedoch, dass durch Sugiharas mutige Tat Tausende von Leben verschont wurden und heute noch viele davon betroffen sind. Wir alle haben eine Bestimmung in unserem Leben, und der Beitrag eines jeden für die Menschheit ist von Bedeutung. Es ist nicht Ihre Aufgabe, sich mit anderen zu vergleichen, sondern dem treu zu sein, was Ihnen gegeben ist.

Böte man Ihnen unter einer bestimmten Bedingung allen Reichtum der Welt an, würden Sie ihn annehmen? Was wäre, wenn Sie Ihre Sinneswahrnehmungen, Ihr Sehen, Riechen, Tasten, Denken, Sprechen, Hören und Ihren Geschmackssinn aufgeben müssten? Würden Sie ihn trotzdem annehmen? Wie würden Sie in dieser Welt überleben und funktionieren? Wie sähe Ihr Leben aus? Wenn ich diese Frage meinen Zuhörern stellte, würde nicht eine einzige Person sich auf diesen Tausch einlassen. Sie selbst sind wertvoll; Sie sind – in der Tat – unbezahlbar! Wenn Sie Ihren Wert erkennen, sieht die Welt um Sie herum anders aus, und Sie sehen die Menschen in einem neuen Licht.

Ich habe 1994 im Wing Luke Museum in Seattle zum ersten Mal von Chiune Sugihara erfahren, und seine Geschichte hat mich tief beeindruckt. Sein Leben und sein Mut inspirierten mich, dieses Buch zu schreiben und Yaotsu im Oktober 2010 zu besuchen. Ich bin dankbar, dass wir das Gedenkmuseum und den »Hügel der Menschlichkeit« gesehen haben, da ich Chiune Sugihara und seinen Einfluss, den er auf die Welt hatte, nun besser verstehen kann und mehr zu schätzen weiß.

Doch das Wichtigste ist, dass Sugihara ein Samurai-Krieger war, allerdings ohne Waffe oder Schwert. Er bewirkte Veränderungen, ohne in die Schlacht zu ziehen. Er ging strategisch und doch friedlich vor, er war bestimmend, aber auch mitfühlend, zeigte sich entschlossen und doch sanft. Er war ein friedlicher Krieger, und nicht jeder Krieger muss ein kampferprobter Soldat sein, um ein wahrer Kämpfer und Held zu sein. Es gibt viele gute Eigenschaften in Chiune Sugiharas Leben, denen Sie nacheifern können. Welche würden Sie wählen?

Sugihara war sich bereits in jungen Jahren bewusst, welches seine Lebensaufgabe war; er lebte dementsprechend und beherzigte Gelegenheiten, die mit seiner Bestimmung und seinen Werten übereinstimmten. Er nahm nicht an der Aufnahmeprüfung für ein Medizinstudium teil, weil ihm klar wurde, dass dies nicht sein Lebensziel war. Er trat von Posten zurück, mit denen er nicht einverstanden war, weil Menschen schlecht behandelt wurden. Er war sich der Konsequenzen bewusst, dass seine Entscheidung seinen Tod hätte bedeuten können, aber er hatte Mitleid mit den Flüchtlingen, denn er war sich sicher, dass sie ohne seine Hilfe wenig Hoffnung auf ein Überleben hatten. Sind Sie bereit, die Konsequenzen zu tragen, um Ihre Lebensaufgabe zu erfüllen?

Aus Chiune Sugiharas Geschichte haben Sie gelernt, das Richtige zu tun und nach Ihren Prinzipien zu handeln. Sugihara benötigte mehr als physischen Mut, um die Transitvisa auszustellen, da er sich im Klaren darüber war, dass sein Leben in Gefahr war; sein Handeln erforderte auch emotionalen und ideellen Mut. Indem Sie nach Ihren Prinzipien handeln, legen Sie den Grundstein für ein solides Leben mit lebenswichtigen Beziehungen. Wenn ich Sie fragte, ob Sie einen Ehrenkodex haben, nach dem Sie leben, könnten Sie die Grundsätze Ihres Kodex nennen?

Mut hat viele Formen; Sugihara lebte ein Leben voller Mut. Anders als die meisten wusste er, was richtig war, und er war so mutig, nach seinen Überzeugungen zu handeln. Wie wir an seiner Geschichte sehen, ist es nicht immer einfach, beherzt und couragiert vorzugehen, aber Mut wird belohnt. Chiune Sugihara starb in dem Wissen, dass er angesichts großer Gefahr das Richtige getan hat!

> Und das Wichtigste: Haben Sie den Mut, Ihrer Intuition zu folgen.
>
> **Steve Jobs**

Kapitel 2

Integrität

GI

Das japanische
Schriftzeichen für
Integrität

Integrität

Integrität steht immer an erster Stelle. Ordnen Sie alle
anderen Charaktereigenschaften in eine beliebige
Reihenfolge, aber sie kommen alle nach der Integrität.

— **Chris Widener** —

Websters Wörterbuch definiert Integrität als ein tadelloses moralisches Prinzip, das man als Eigenschaft besitzt oder verkör-
pert, es umfasst Aufrichtigkeit, Redlichkeit und Ehrlichkeit. Integrität wird mit Werten verbunden, die über jeden Tadel erhaben
sind, sowie mit der Eigenschaft, korrekt zu urteilen und zu ver-
fahren. Die japanische Übersetzung für *gi* ist Gerechtigkeit und
Rechtschaffenheit.

In den Herzen aller Menschen ist ein Sinn für Moral verankert,
nämlich für richtig und falsch. Integrität bedeutet, das Richtige
zu tun, weil es sowohl gerecht als auch anständig ist. Richtig zu
handeln bedeutet, auf dem geraden und schmalen Weg oder auf
dem Pfad der Rechtschaffenheit zu bleiben. Für die Samurai gab
es auf diesem Weg keine Abweichungen oder Biegungen. Ergänzt man Mut mit Integrität, besitzt man für alle Zeiten eine
unbezwingbare Kraft!

Die Samurai gingen keine Kompromisse ein, wenn es darum
ging, das Richtige zu tun – koste es, was es wolle, sogar unter
Einsatz des eigenen Lebens. Integrität ist der moralische Kom-
pass, mit dem die Samurai sich über den von ihnen beschritte-
nen schmalen Pfad navigierten. Integrität gilt als etwas so Ent-
scheidendes, dass die Geschichten, in den Menschen eher den

Tod wählen, als in Unehre zu fallen, weltweit populär wurden. Die für Westler vielleicht bekannteste und wahre Geschichte erzählt, wie eine Gruppe herrenloser Samurai ihre Pflicht erfüllte und den sinnlosen Tod ihres Herrn rächte. Nachdem sie Rache genommen hatten, nahmen diese Krieger sich bereitwillig das Leben, als Preis ihrer Pflichterfüllung. Dies sind die berühmten 47 Ronin, und sie werden als Beispiel für Integrität und für die Ideale der Samurai verehrt; noch heute gelten sie in Japan als Kulturhelden.

In jedem Moment eines jeden Tages steht man vor Entscheidungen; dass wir die Wahl haben, hat Konsequenzen. Indem Sie den schmalen Pfad der Integrität wählen, schaffen Sie Gutes für alle. Ihre Entscheidungen betreffen Ihr eigenes Leben, das Leben anderer und das Leben zukünftiger Generationen. Der Samurai handelte aus der Überzeugung, moralisch das Richtige zu tun, und er wusste, dass seine Entscheidungen ihn selbst, seine Familie, die Gesellschaft und die Zukunft seines Herrn und Landes beeinflussten.

Die eigene Integrität hervorzuheben kam mit den ersten japanischen Einwanderern, den Issei, nach Amerika. Es war ein zentraler Aspekt der Bushido-Prinzipien, die das moralische und ethische Bollwerk bildeten, sodass sie in einer oft feindlich gesinnten Umgebung überleben konnten. In der Folge wurden die Prinzipien an ihre Nachkommen, die Nisei, weitergegeben, um ihr japanisches Erbe zu definieren. Diese Grundsätze gereichten den Nisei zum Vorteil, als sie gegen die Vorurteile zur Zeit des Zweiten Weltkrieges ankämpften.

All diese Wunden waren noch frisch, als meine Generation, die Sansei, geboren wurde. Auf subtile Weise wurden diese Bushido-Tugenden für uns zu einem Weg, das Vertrauen und die Achtung einer Nation wiederzugewinnen. Unsere Eltern betonten, dass unser Verhalten über uns selbst hinausging, repräsentierten wir doch unsere eigene Familie, den Tsugawa-Clan und sogar die japanisch-amerikanische Community. Dies wurde mir eingeimpft, und ich nahm es mir zu Herzen. In der Zeit kurz nach dem Zweiten Weltkrieg beobachteten uns die Menschen; Misstrauen, Anfeindungen und Vorurteile traten immer noch zutage, und wir mussten beweisen, dass wir gute Bürger waren. Die Zeit in den Lagern während des Krieges war noch frisch in der Erinnerung meiner Eltern. Da ihre Integrität infrage gestellt wurde, brachte dies große Schande über ehrenwerte Menschen, die keine Verbrechen begangen hatten.

Ihre Persönlichkeit hat sowohl ein öffentliches als auch ein privates Gesicht. In Zeiten, in denen Sie niemand beobachtet, zeigt sich Ihr wahrer Charakter. Wurden Sie jemals beim Naschen aus der Keksdose erwischt? Das hat Sie vielleicht vor lauter Angst, erwischt zu werden, schließlich dazu bewegt, korrekt zu handeln. Im Laufe Ihres Reifungsprozesses bildet sich Ihr Gewissen aus, und Sie tun das Richtige, weil es das Richtige ist.

Genau in diesem Sinne handelte der Samurai, weil er sich an den Bushido-Kodex hielt. Er verabscheute ungerechtes Verhalten und hinterlistige Geschäfte. Wurden die strengen Gesetze des Shogunats missachtet, konnte dies zu schweren Strafen oder sogar zum Tod führen. Die strikte Einhaltung der Gesetze des Shogunats sorgte für Frieden und Harmonie in der japanischen Gesellschaft; sie erleichterte es dem Samurai, seine Pflicht zu erfüllen und sich auf die anstehende Aufgabe zu konzentrieren.

In der biblischen Geschichte vermochte Joseph Träume zu deuten, und er war der Lieblingssohn seines Vaters Jakob. Eifersüchtig auf Joseph, verkauften ihn seine Brüder in die Sklaverei nach Ägypten. Dort verschaffte ihm seine Fähigkeit der Traumdeutung Zugang zum Pharao; er erlangte ein höheres Ansehen und wurde zum Unterkönig ernannt. Eine Hungersnot trieb Josephs Brüder auf der Suche nach Nahrung nach Ägypten.

Joseph besaß zwar die Macht, die Bitte seiner Brüder um Nahrung abzulehnen, doch er handelte integer, vergab seinen Brüdern und rettete seine Familie. Joseph wurde geprüft, und die Integrität seiner Persönlichkeit setzte sich aufgrund seines Glaubens an Gott durch.

Abraham Lincoln unterzeichnete die Emanzipationsproklamation im Jahr 1862; er wird mit den Worten zitiert: »Ich habe mich in meinem Leben nie sicherer gefühlt, dass ich das Richtige tue, als bei der Unterzeichnung dieses Papiers.« Lincoln stieß dabei auf erheblichen Widerstand, doch da er von seinen moralischen Prinzipien überzeugt war, tat er das, von dem er wusste, dass es gerecht und richtig war. Dadurch wendete er das Blatt und veränderte die Vereinigten Staaten von Amerika für immer.

In diesem Kapitel beschäftigen wir uns mit dem Leben von Michi Nishiura Weglyn, die eine erfolgreiche Karriere als Modedesignerin aufgab, um das Thema der Inhaftierung japanischer Amerikaner während des Zweiten Weltkrieges zu erforschen. Sie wusste, dass das, was damals getan worden war, falsch war, und so bemühte sie sich, dieses Unrecht aufzudecken und die Würde ihres Volkes wiederherzustellen, ungeachtet der persönlichen Konsequenzen für sie selbst. Ihr wegweisendes Buch zur Wiedergutmachung des Unrechts, das ihr und 120 000 Menschen japanischer Abstammung angetan wurde, half, den Weg für die Wiedergutmachungsbewegung der 1980er-Jahre zu ebnen.

Für die Samurai war Integrität ein Maß für Vertrauenswürdigkeit und sagte viel über den Charakter einer Person aus. Wenn man seiner Vision oder seinem Grundsatz absolut treu bleibt, geht man zielstrebig seinen Weg wie ein Samurai-Krieger. Der Samurai sah sich seinem Stand verpflichtet, weil sein Leben davon abhing. Zusammen mit anderen Charakterzügen des Samurai, wie Mut, Ehrlichkeit und Loyalität, können Sie größere

Erfolge erzielen, weil Sie mit sich selbst im Reinen sind. Sie brauchen sich keine Sorgen zu machen, ein Chamäleon zu sein, denn von Ihnen gibt es nur dieses eine Ich! Wenn Sie die Welt als einen besseren Ort hinterlassen wollen, dann machen Sie Integrität zu Ihrem Vorsatz. Denn ein Vorsatz ist mehr als ein Wunsch, es ist eine Verpflichtung: die Entschlossenheit, Ihre Prinzipien aufrechtzuerhalten, ganz gleich, was gerade um Sie herum geschieht. Es bedeutet, das zu tun, von dem Sie wissen, dass es richtig ist, selbst wenn es nicht populär oder willkommen ist – auch wenn niemand zuschaut.

Das wird nicht einfach sein. Die Welt sucht nach jemandem, der sich über die Durchschnittlichkeit der Menge erhebt, der seinen Verpflichtungen nachkommt und keine Ausreden auftischt, wenn er versagt. Solche Menschen übernehmen die Verantwortung für ihre Worte und Taten, weil sie sie besitzen.

Sagen Sie, was Sie meinen, meinen Sie, was Sie sagen, und dann tun Sie es. Wenn Sie den ersten Schritt machen, haben Sie sich bereits zu etwas verpflichtet und sehen sich in Ihrer Überzeugung bestärkt. So wie die Samurai können auch Sie etwas bewirken.

> Tun Sie, was richtig ist, weil
> es richtig ist, und lassen Sie es
> dabei bewenden.
>
> **Chiune Siguhara**

Michi Nishiura Weglyn

Aufgewachsen als Tochter eines Farmers in Brentwood, Kalifornien, ertrug und überwand Michi Nishiura Weglyn Entbehrungen, um ihr Leben der Wiedergutmachung von Unrecht zu widmen. Geboren am 29. November 1925, war sie die ältere Tochter von Tomojiro und Misao Nishiura.

Tomojiro und Misao Nishiura waren japanische Auswanderer und arbeiteten als Farmpächter in Brentwood, um Obst und Gemüse anzubauen. Michis Aufgabe war es, sich um die Nutztiere zu kümmern, die sie wie ihre Haustiere behandelte. Nachdem die USA im Dezember 1941 in den Zweiten Weltkrieg eingetreten waren, unterzeichnete Präsident Franklin D. Roosevelt am 19. Februar 1942 die Executive Order 9066. Mit dieser Präsidentenverfügung wurden etwa 120 000 Menschen japanischer Abstammung, die an der amerikanischen Westküste lebten, entwurzelt und in eine unbekannte Zukunft zwangsumgesiedelt. Die Familie Nishiura war ebenso davon betroffen wie es meine Eltern und ihre Familien waren.

Die Nishiuras erreichten schließlich das Gila River War Relocation Center in Arizona, nachdem sie mehrere Tage lang in einem überfüllten Zug gefahren waren, in dem man die Fenster verhängt hatte, sodass sie nicht wussten, wohin sie gebracht wurden. Die Wohnquartiere waren schlecht gebaut und von über 3,5 Meter hohen Stacheldrahtzäunen umgeben. Auf Wachtürmen standen Wächter mit auf sie gerichteten Gewehren. Jeder, der versuchte zu fliehen, wurde erschossen.

Die Familie wurde in ein Zimmer in Block 66, Baracke 12, eingewiesen und teilte sich das Relocation Center mit über 13 000 anderen inhaftierten Japanern und japanischen Amerikanern. Das Leben war nicht einfach für die Nishiuras, und die Privatsphäre war Geschichte. Für die nächsten drei Jahre war ein einziger Raum (circa 47 Quadratmeter) ihr Zuhause. Michi erinnert sich, dass sie einen Regenschirm zum Schutz vor dem rauen, heißen und windigen Wetter benutzte und morgens oft mit Sand bedeckt aufwachte.

Michi erbrachte hervorragende Leistungen und war eine vortreffliche Schülerin, die an zahlreichen Aktivitäten teilnahm. Sie bewarb sich und gewann ein Stipendium für das renommierte Mount Holyoke College in Massachusetts. Das Vollstipendium für verdienstvolle Schüler wurde vom National Japanese American Student Relocation Council vergeben, deren Leitung den Quäkern oblag. Michi studierte Biologie als Hauptfach und war auch im Zeichnen begabt. Während ihres Studiums war sie von Theaterinszenierungen fasziniert, und so begann ihr Interesse an Kostümdesign.

Im Dezember 1945 erkrankte Michi an Tuberkulose und sah sich gezwungen, das College zu verlassen. Sie erholte sich im Glen Gardner Sanitarium in New Jersey, schloss aber das College nicht ab. Sie litt ein Leben lang unter schwacher Gesundheit, die zum Teil durch die rauen Wetterbedingungen im Internierungslager in Gila River, Arizona, noch verschlimmert wurde.

Michi setzte ihre Ausbildung am Barnard College und an der Fashion Academy in New York City fort, doch während dieser Zeit wurde sie erneut wegen Tuberkulose behandelt und verbrachte einige Zeit im Mt. Kipp Sanitarium in Upstate New York.

Während des Studiums lernte Michi ihren zukünftigen Ehemann, Walter Matthys Weglyn, kennen, der nach dem Ende des Zweiten Weltkrieges aus Holland kam. Walter war deutsch-jüdischer Abstammung und hatte den Holocaust überlebt. Im Jahr 1939, im Alter von zwölf Jahren, schickten seine Eltern ihn und seinen Bruder per Kindertransport in die Niederlande, wo er Schutz fand und untertauchte. Er wurde an zwölf verschiedenen Orten in Sicherheit gebracht und versteckt, um sein Leben zu retten. Zur selben Zeit befanden sich Walters Eltern im Konzentrationslager Theresienstadt in der heutigen Tschechischen Republik. Wie durch ein Wunder überlebten die Eltern die Tortur, und die Familie wurde nach dem Zweiten Weltkrieg in New York wiedervereint. Während Walter untertauchte, um sein Leben in Europa zu retten, war Michi in Arizona inhaftiert.

Walter und Michi heirateten am 5. März 1950. Zunächst waren die Eltern gegen diese Mischehe. Michi erinnerte sich jedoch daran, wie ihre Mutter gegenüber einem Issei-Freund damit prahlte, dass ihr Schwiegersohn japanischer sei als ein Japaner. Für Michi bedeutete dies, dass Walter in der Familie akzeptiert war. Sie erfreuten sich zeitlebens einer ergebenen, sich gegenseitig unterstützenden und liebevollen Beziehung.

Michi wurde in den 1960er-Jahren eine anerkannte Kostümdesignerin und entwarf Kleidungsstücke für das Roxy Theatre, für Perry Como, Bob Hope und Ginger Rogers. Obwohl sie ihren Erfolg und Ruhm genoss, war sie eine bescheidene Person mit einfacher Herkunft.

In den USA herrschte von der Mitte bis Ende der 1960er-Jahre aufgrund des Vietnamkrieges und der Bürgerrechtsunruhen Aufruhr. Man spekulierte, dass die US-Regierung diejenigen, die gegen den Krieg protestierten, in Konzentrationslager stecken könnte, um die Demonstrationen unter Kontrolle zu halten. Aus diesem Grund stellte Michi 1968, als sie die Ehrendoktorwürde der California State Polytechnic University in Pomona erhielt, die Äußerungen von Generalstaatsanwalt Ramsey Clark hinsichtlich der Inhaftierung der Vietnamkriegsgegner infrage. Clark hatte im Fernsehen gesagt, wir, die Amerikaner, hätten nie ein Konzentrationslager gehabt, hätten es jetzt nicht und würden es auch nie haben. Sie wusste, dass Clarks Aussage nicht der

Wahrheit entsprach und glaubte, dass die Geschichte über ihr Volk in Amerika korrigiert werden musste.

Im selben Jahr stieß Michi auf das Buch *While Six Million Died* von Arthur D. Morse. Der Autor berichtete über die Gleichgültigkeit und Herzlosigkeit der amerikanischen Regierung gegenüber der Ermordung der Juden in Europa. Ironischerweise wurden zur gleichen Zeit, als die Juden in den Todeslagern der Nazis in Europa vernichtet wurden, japanische Amerikaner in den USA inhaftiert; beide waren unerwünschte Menschen in ihrem eigenen Land. Michi fragte sich, ob die Gleichgültigkeit gegenüber den Juden zur Inhaftierung der japanischen Amerikaner beigetragen haben könnte.

> Du sollst dich nicht der Mehrheit anschließen zum Bösen, und du sollst deine Aussagen bei einem Rechtsverfahren nicht so machen, dass du der Mehrheit willfährig bist und das Recht beugst.
>
> **Exodus 23,2**

Da ihr diese Frage keine Ruhe ließ, begab sich Michi auf eine Reise, die für den Rest ihres Lebens andauerte. Sie wollte eine Ungerechtigkeit aufklären und machte sich daran, die Schuld und die Schande von den Schultern der Japano-Amerikaner zu nehmen. Ihre Neugier brachte sie dazu, die Wahrheit hinter der Inhaftierung der aus Japan stammenden Amerikaner zu erforschen, obwohl seit dem Verlassen des Internierungslagers in Arizona über zwanzig Jahre vergangen waren.

Sieben Jahre lang recherchierte Michi sorgfältig die Primärdokumente der Inhaftierung japanischstämmiger Amerikaner. Sie unternahm unzählige Reisen zu den National Archives in Washington D.C. sowie zu der New York City Library und der Franklin D. Roosevelt Library in New York. Schon früh am Morgen besuchte sie die Institutionen, aß mittags ein Sandwich und forschte dann weiter bis zum Feierabend. Michi wurde nicht durch Stipendien finanziert, sondern trug persönlich die Kosten für den Reise- und Zeitaufwand ihrer Recherche. Sie wollte um jeden Preis die Wahrheit aufdecken, musste Antworten finden und dabei die Dinge ins rechte Licht rücken, um das begangene Unrecht wiedergutzumachen.

Man kann sich nur schwer vorstellen, wie viele Dokumente, Akten und Papiere für die Recherche durchgesehen werden mussten, damit sie ihr Buch schreiben konnte, und diese mühsame Arbeit wurde ohne Computer erledigt!

Entschuldige dich niemals dafür, dass du recht hast oder deiner Zeit um Jahre voraus bist. Wenn du weißt, dass du recht hast, sage, was du denkst. Auch wenn du nur in der Minderheit oder eine einzelne Person bist, die Wahrheit bleibt immer noch die Wahrheit.

Gandhi

Als Überlebender des Holocaust unterstützte Walter Weglyn die Bemühungen seiner Frau und zeigte Verständnis für ihr Projekt. Er ermutigte Michi, die Wahrheit zu schreiben, auch wenn sie unpopulär und nicht leicht zu ertragen war. Walter redigierte ihre Arbeit, äußerte konstruktive Kritik und konnte ihr Streben nach der Aufdeckung der Wahrheit nachvollziehen. In der Danksagung ihres Buches lobt Michi Walter für seine Ermutigung und seinen Beitrag; ohne seine Unterstützung wäre das Projekt vielleicht aufgegeben worden. Beide waren so sehr von dem Trauma ihrer Kindheit betroffen, dass sie während ihrer gesamten Ehe kinderlos blieben.

Über die Dokumente zu lesen, war, wie Michi sagte, eine Sache, aber es war eine andere, die Dokumente tatsächlich selbst zu lesen. Für sie war es eine erschütternde Erfahrung, die Wahrheit ans Licht zu bringen, einen Weg zu bahnen und Gerechtigkeit für über 80 000 japanische Amerikaner zu erlangen, die damals noch lebten. Michi sagte:

Es bedeutete eine 180-Grad-Drehung meinerseits von der Planung bis zur Detektivarbeit, um auf irgendeine Weise mein eigenes Volk, mein eigenes Ich von diesem Schandfleck der Unehre und Schande zu befreien.

Vor dem Zweiten Weltkrieg wurde zunehmend klar, dass es einen Konflikt zwischen den USA und Japan geben würde, und man hatte seine Zweifel hinsichtlich der Loyalität der Japano-Amerikaner. Der Sonderbeauftragte des Außenministeriums, Curtis B. Munson, erhielt den Auftrag, die Loyalität der japanischen Amerikaner gegenüber den Vereinigten Staaten auf den Prüfstand zu stellen und darüber Bericht zu erstatten. Der Munson-Bericht enthielt über zehn Jahre Recherche durch das FBI und den Geheimdienst der Navy. Das Fazit des Reports konnte die militärische Notwendigkeit, die von der US-Regierung für die

Inhaftierung verfochten wurde, nicht bestätigen. Bei den in den USA lebenden japanischstämmigen Amerikanern gab es keine Hinweise auf Illoyalität im Falle eines Krieges. Der Munson-Bericht war ein gut gehütetes Geheimnis, das Michi durch ihre umfangreichen Nachforschungen entdeckte. Trotz seiner Ergebnisse unterzeichnete Präsident Franklin D. Roosevelt 1942 die Executive Order 9066, mit der etwa 120 000 japanische Amerikaner (über 70 % waren US-Bürger) zwangsweise in amerikanische Internierungslager gebracht wurden.

Anfang 1943 mussten die in den zehn Internierungslagern inhaftierten japanischen Amerikaner, was die Situation für sie noch verschlimmerte, einen Fragenbogen hinsichtlich ihrer Loyalität gegenüber den Vereinigten Staaten beantworten. Dies schloss sowohl Staatsbürger als auch Nichtstaatsbürger ab 17 Jahren ein. Viele der Inhaftierten waren keine Staatsbürger, weil sie Issei waren, Einwanderer der ersten Generation, denen die Staatsbürgerschaft aufgrund ihrer Ethnie verweigert worden war. Die Fragen 27 und 28 des Fragebogens waren besonders irritierend und lösten Frustration und Verbitterung aus; sie lauteten:

Frage 27: Sind Sie bereit, in den Streitkräften der Vereinigten Staaten im Frontdienst zu dienen, wo immer dies befohlen wird?

Frage 28: Sind Sie bereit, den Vereinigten Staaten von Amerika uneingeschränkte Treue zu schwören und die Vereinigten Staaten treu gegen jeden Angriff von ausländischen oder inländischen Kräften zu verteidigen und dem japanischen Kaiser oder einer anderen ausländischen Regierung, Macht oder Organisation jede Form von Treue oder Gehorsam abzuschwören?

Die Mehrheit der Inhaftierten beantwortete beide Fragen mit Ja, aber für die Frauen, sowohl für ältere als auch für junge, war es verstörend und verwirrend, ihr Einverständnis für ihre Kampfbereitschaft zu geben. Andere weigerten sich, zu unterschreiben und mit Ja zu antworten, weil sie es als ungerecht empfanden, für ein Land zu kämpfen, das sie und ihre Familien hinter Stacheldraht festhielt; dies verletzte ihre verfassungsmäßigen Rechte als US-Bürger.

Die Inhaftierten, die nicht unterschreiben wollten, galten als illoyal und wurden im Tule Lake Segregation Center (1943 umbenannt) in Nordkalifornien weiter segregiert; man bezeichnete sie als die »Nono Boys«. Diese Männer machten von ihrem verfassungsmäßigen Recht Gebrauch, indem sie sich weigerten, in der U.S. Army zu kämpfen; die meisten wurden von den anderen japanischen Amerikanern für ihr Verhalten geächtet. Unabhängig davon, wie die Beantwortung der Fragen ausfiel, antwortete jeder auf der Grundlage der Integrität seiner Überzeugung und war bereit, mit den Konsequenzen zu leben. Den Preis, den die »Nono Boys« für das Handeln gemäß ihres Gewissens zu zahlen hatten, war eine weitere Inhaftierung in einem Bundesgefängnis. Ihre Integrität wurde an der Bereitschaft gemessen, die Folgen ihrer Überzeugungen zu tragen. Wie hätten Sie die Fragen 27 und 28 beantwortet, wenn Sie in ihrer Situation gewesen wären?

Im Sommer 2009 fuhren meine Cousine Pam Oja und ich zum Internierungslager Tule Lake in Nordkalifornien, wo unsere Mütter während des Zweiten Weltkrieges interniert waren. Obwohl sie die Fragen 27 und 28 nicht mit Nein beantwortet hatten, befanden sie sich während der ersten Hälfte des Krieges in Tule Lake. Meine Mutter war körperlich nicht in der Lage, an dieser Reise teilzunehmen, und es war wahrscheinlich auch besser so, da sie nur selten über ihre Erfahrungen im Lager sprach.

In Tule Lake waren bis zu 18 000 japanisch-amerikanische Staatsbürger und Nichtstaatsbürger inhaftiert. Im ersten Jahr gab es keine Rohrleitungen für Innentoiletten. Das Camp wurde von drei Stacheldrahtzäunen umgeben, die über 3,5 Meter hoch waren; Panzer patrouillierten innerhalb der Umzäunungen. Das einzige Verbrechen der Häftlinge war ihre japanische Herkunft, und das brachte Schande, Demütigung und Bestürzung für diejenigen, die kein Gesetz gebrochen hatten. Wie die Samurai stellten sie sich ihrer Situation mit Mut und Integrität und gingen gestärkt daraus hervor.

Wir wurden durch das »Gefängnis im Gefängnis« von Jimi Yamaichi geführt, der beim Bau der Gefängnisunterkünfte für die »Nono Boys« mitgeholfen hatte. Es war skurril und schien fast unwirklich, diese Haftanstalt innerhalb des Internierungslagers zu besichtigen, das für diejenigen reserviert war, die auf die Loyalitätsfragen mit Nein geantwortet hatten. An dieser Stelle sei darauf hingewiesen, dass dies vor rund 75 Jahren geschah.

Gemischte Gedanken und Gefühle übermannten mich: Herzschmerz, Wut, Fassungslosigkeit, Schmach und Betrübnis. Es war hart, Näheres über die unmenschlichen Bedingungen zu sehen und zu hören, die meine Eltern ungerechterweise und widerrechtlich erlebt hatten. Sie sprachen nie über die Ungerechtigkeiten oder die Schande, die sie hatten ertragen müssen. Ich frage mich oft, ob ich ihrer Situation mit der gleichen Contenance begegnet wäre.

Mit viel Überredungskunst konnten mein Mann und ich meine Eltern überzeugen, 2008 an der Minidoka-Wallfahrt teilzunehmen. Das Minidoka War Relocation Center war ein weiteres Internierungslager in Idaho. Mein Vater bemerkte, dass die Baracken heute eher dem Hilton ähnelten als dem, an das er sich erinnerte! Im Folgenden erzählt er von dieser Zeit in seinem Leben:

Im Februar 1942 erließ Präsident Franklin D. Roosevelt die Executive Order 9066, wonach das Militär alle Menschen japanischer Abstammung, die im Umkreis von 200 Meilen vor der amerikanischen Westküste lebten, deportieren durfte. Im April sollte unsere Familie im Portland Expo Center interniert werden und erhielt die Nummer 15030, was bedeutete, dass wir die fünfzehntausenddreißigste Familie waren, die eine Nummer erhielt. Jeder von uns durfte einen Koffer mitnehmen; unserer Familie war ein Seesack erlaubt. Ein Freund, ein Weißer, fuhr uns zum Viehpavillon. Zu diesem Zeitpunkt war Hank (mein älterer Bruder) in die U.S. Army eingezogen worden und an der Sprachschule des Military Intelligence Service (MIS), des Militärischen Geheimdienstes, in Minnesota stationiert; er diente beim MIS in Übersee. Mein jüngerer Bruder Akira wurde kurz nach unserer Ankunft in Minidoka in die U.S. Army eingezogen; er leistete seinen Dienst im MIS in den Staaten.

Der Sommer 1942 war heiß. Im Pavillon war Vieh untergebracht, bevor er für uns geräumt wurde. Die Böden waren abgespritzt worden, aber als das Wasser ablief, kam natürlich der Geruch von Mist hoch. Das war schlecht. Das Essen war schlecht. Alle hatten Durchfall.

Im September zogen wir aus, wurden in Züge verladen. Wir waren drei Tage lang im Dunkeln, alle Jalousien waren heruntergezogen, damit wir nicht wussten, wohin wir fuhren. Ich weiß nicht mehr, was wir gemacht haben, als wir auf die Toilette mussten! Schließlich hielt der Zug an, und wir blickten auf Tausende Morgen Wüsten-Beifuß, so weit das Auge reichte. Armee-Lkws brachten uns zum »Lager«. Wir wurden von Maschinengewehren begrüßt, die von den Wachtürmen auf uns gerichtet waren; man dachte wohl das Schlimmste von uns. Es war beängstigend und erfüllte mich mit Hoffnungslosigkeit. Ich dachte: »Ist das unser Schicksal?«

Die Wohnquartiere waren in einem »Block« angeordnet, in dessen Mitte sich der Speisesaal, der Aufenthaltsraum und die Bäder befanden, umgeben von Baracken. Unser Zimmer war etwa 6 x 6 Meter groß, ausgestattet mit einer Glühbirne und einem mit Kohlen befeuerten Kanonenofen. Wir hatten kein fließendes Wasser in unserem Zimmer und benutzten eine »Gemeinschaftsdusche« und zunächst »Außentoiletten«. Es gab keine Privatsphäre. Wir waren in Minidoka bei Twin Falls, Idaho, interniert. Auf dem Gelände von Minidoka lebten über 9000 Menschen japanischer Abstammung; wir wurden Block 30 in der Nähe anderer Portland-Japaner zugewiesen. In den Lagern wollten sie, dass jeder einer Arbeit nachging. Meine Aufgabe war es, die Böden von Blechdosen auszuschneiden, und ich bekam 14 Dollar im

Monat; die Metalle wurden für Kriegsanstrengungen benötigt. Ich habe mit drei anderen »Kumpels« zusammengearbeitet, und wir hatten eine gute Zeit, während wir unsere Arbeit erledigten. Nach einer Weile vertrauten uns die Wachen, und ihnen wurde klar, dass wir friedliche Menschen waren. Im Oktober 1943 gab es einen Notfall: Mama lag im Sterben. Wir hatten einen Arzt für alle 9000 Menschen im Lager. Als Mama zum Arzt kam und Krebs im Endstadium diagnostiziert wurde, gab es nichts mehr, was man für sie tun konnte. Wir erhielten die Sondergenehmigung, Minidoka zu verlassen und nach Boise zu ziehen, damit Mama die bestmögliche Pflege bekommen konnte. Reverend Harold Johnson stellte uns ein schönes Haus in der Sherman Street 1410 zur Verfügung; es gibt doch noch einige nette Menschen auf dieser Welt. Mama wurde aus dem Krankenhaus entlassen, um ihre letzten Tage mit der Familie zu verbringen. In Boise sahen wir in Restaurants und Geschäften Schilder mit der Aufschrift »No Japs Allowed« (Japsen nicht erlaubt), aber in dem Viertel an der East Avenue, in dem wir wohnten, behandelten die Leute meinen jüngsten Bruder Jim wie die eigene Familie. Er spielte Football und Baseball mit den Kindern aus der Nachbarschaft. Nur ein Kind sagte zu ihm: »Komm nicht ins Haus, Jim, denn das würde meinem Vater nicht gefallen.«

Nach dem Ende des Zweiten Weltkrieges wurden die Japaner und die japanischstämmigen Amerikaner entlassen, und viele konnten nirgendwo mehr hin. Häuser, Grundstücke und Geschäfte wurden beschlagnahmt, gestohlen oder gingen wegen unbezahlter Steuern »verloren«. Wir konnten keine Steuern entrichten, weil unsere Bankkonten eingefroren waren. Wir verstreuten uns über verschiedene Regionen der Vereinigten Staaten und befanden uns nicht mehr in unseren ethnischen Gebieten. Ich denke, es war gut, dass andere Amerikaner uns kennenlernten und erkannten, dass wir gute Bürger waren.

Bemerkenswerterweise hegt Vater keinen Groll bezüglich seiner Erfahrung und teilt seine Geschichte bereitwillig mit Freunden und Verwandten, der Öffentlichkeit und den örtlichen Studenten.

Trotz ihrer Not machten die Issei und ihre Kinder, die Nisei, das Beste aus ihrer Situation. Das japanische Wort *gaman* bedeutet, das Unerträgliche mit Würde und Geduld zu ertragen. Kunst, Möbel, Werkzeuge, Holzschnitzereien, Gemälde, Spielzeug und Alltagsgegenstände wurden aus gefundenen Materialien wie Holz, Muscheln, Papier und Stoff in den Lagern hergestellt. Das Augenmerk der Japaner für Schönheit und Details war bemerkenswert, und ihr unbeugsamer und ausdauernder Geist spiegelte sich in ihrer Arbeit.

»The Art of Gaman« war eine Wanderausstellung, die mehr als 120 Artefakte zeigte, die von japanischen Amerikanern während ihrer Internierung in Lagern während des Zweiten Weltkrieges hergestellt wurden. Die Autorin Delphine Hirasuna organisierte und kuratierte die Ausstellung, die im März 2010 in Washington, D.C., im Smithsonian American Art Museum, Renwick Gallery, zum ersten Mal gezeigt wurde. Im Sommer 2014 war die Ausstellung im Bellevue Arts Museum in Washington zu sehen; sie wurde gut angenommen, und die Besucher staunten über den unbezwinglichen Geist der japanischen Amerikaner, der in den Artefakten zum Ausdruck kommt.

Die Definition von Integrität umfasst die Begriffe Aufrichtigkeit und Ehrlichkeit, meint aber auch die Werte, die über jeden Zweifel erhaben sind, und diese Worte beschreiben die Bemühungen und die Persönlichkeit von Michi Nishiura Weglyn. Ihr Wunsch, die Wahrheit über die Inhaftierung unschuldiger japanischer Einwanderer und japanisch-amerikanischer Bürger während des Krieges ans Licht zu bringen, erforderte nicht weniger.

Michis Buch wird durch Fotos von Kindern, Menschen und dem Leben in den Inhaftierungslagern ergänzt. Sie hat diese herzzerreißenden Fotos in ihr Buch mit aufgenommen, weil ein Bild mehr als tausend Worte sagt. Regierungsdokumente und Zeitungsartikel, die dort ebenfalls abgebildet sind, bestätigen eindeutig ihre Botschaft. Sie hat gründliche Arbeit geleistet, und aufgrund der Seriosität ihres Werkes wurden historische Ereignisse richtiggestellt und ein verleumdetes Volk entlastet.

Nachdem ihre Recherchen abgeschlossen waren, suchte Michi nach einem Verleger für ihr Buch *Years of Infamy: The Untold Story of America's Concentration Camps* (Jahre der Schande: Die unerzählte Geschichte der amerikanischen Konzentrationslager, nur englischsprachig, Anm. d. Red.). William Morrow veröffentlichte das Buch schließlich im Jahr 1976. James A. Michener schrieb die Einleitung, in der er sagte, dass Michi eine Geschichte über unsere nationale Geschichte erzählt, die es verdient, gehört zu werden.

Michis Buch trug dazu bei, die Bewegung für die Wiederherstellung der Bürgerrechte, die Abbitte und die finanzielle Entschädigung, das sogenannte »Redress Movement«, voranzutreiben, die als Wiedergutmachungsbewegung in den 1980er-Jahren bekannt wurde. Sie gipfelte in der Verabschiedung des Civil Liberties Act von 1988, der die noch lebenden japanischen Amerikaner entschädigte, die während des Zweiten Weltkrieges zu Unrecht inhaftiert worden waren. Der Aktivist Edison Uno erwähnte Michis Arbeit in seinem Appell; andere Nisei sollten folgen. Die Japanese American Citizen League (JACL) engagierte sich ebenfalls für die Wiedergutmachung zugunsten der Japano-Amerikaner.

Um die Kriegserfahrungen der japanischen Bevölkerung an der Westküste der USA richtigzustellen, veröffentlichte die JACL eine Broschüre, in der sie gängige Euphemismen korrigierte, die zur Erklärung der Maßnahmen der US-Regierung gebräuchlich waren. In der folgenden Tabelle sind links die Euphemismen aufgeführt und rechts daneben die eigentliche Bedeutung derselben.

ZUSAMMENFASSENDE TABELLE DER
GENAUEN BEGRIFFE

Die folgende Tabelle[1], die aus der Liste von Ishizuka (Ishizuka, 2006, S. 72, *Lost and Found: Reclaiming the Japanese American Incarceration*. Urbana & Chicago: University of Illinois Press), erstellt wurde, fasst die verschiedenen Euphemismen und ihre genaueren Entsprechungen zusammen:

EUPHEMISMUS	DER GENAUE BEGRIFF
Evakuierung	Ausgrenzung oder Zwangsabschiebung.
Wohnortwechsel	Internierung in Lager; wurde auch nach der Freilassung so verwendet.
Nichtausländer	US-Bürger japanischer Abstammung.
Aufenthaltsverbot für Zivilisten	Haftbefehl.
Jede oder alle Personen	Vor allem Menschen japanischer Abstammung.
Kann abgesondert werden	Kann zwangsweise aus dem eigenen Haus ausquartiert werden.
Einheimische amerikanische Fremdlinge	Verweigerer oder Bürger, die, unter Druck, auf die US-Staatsbürgerschaft verzichtet haben.
Versammlungszentrum	Vorübergehende Internierungseinrichtung.

[1] National JACL Power of Words II Committee. *Power of Words Handbook: Euphemisms and Preferred Terminology*. Japanese American Citizens League, (April 2013) 14.

EUPHEMISMUS	DER GENAUE BEGRIFF
Umsiedlungszentrum	Amerikanische Konzentrationslager, Internierungslager, illegale Haftanstalt. Die hier festgehaltenen Insassen wurden als »incarcerees« (Gefangene) bezeichnet.
Einlieferungszentrum	Reservelager des Justizministeriums oder der Armee, in dem ausländische Feinde nach dem Alien Enemies Act 1798 festgehalten wurden.

1988 wurde der Civil Liberties Act vom damaligen Präsidenten Reagan mit seiner Unterschrift in Kraft gesetzt. Das Gesetz ermöglichte es etwa 80 000 damals lebenden Ex-Internierten, 20 000 Dollar pro Person zu erhalten. Die formelle Zahlung und die Entschuldigung sollten den Beginn einer Wiedergutmachung und Nachsorge für ehemals inhaftierte japanische Amerikaner darstellen. Für Michi ging ihre Arbeit, Gerechtigkeit zu schaffen, weiter. Sie unterstützte entlassene Eisenbahnarbeiter und Wehrdienstverweigerer, die den Loyalitätsfragebogen nicht unterschrieben hatten und von der Wiedergutmachung ausgeschlossen waren. Man fragt sich, wie viele Länder versuchen würden, ein solches Unrecht wiedergutzumachen.

Michi Nishiura Weglyns Leben veranschaulicht den Bushido-Kodex, indem sie alles in ihrer Macht Stehende tat, um ein Unrecht wiedergutzumachen; dies ist die eigentliche Bedeutung und Verkörperung von Integrität. Es war ihr wichtig, die Ungerechtigkeit richtigzustellen, die ihr selbst, japanischen Amerikanern und Japanern, die während des Zweiten Weltkrieges interniert waren, widerfahren war. Sie widmete den größten Teil ihres Erwachsenenlebens dieser Sache, indem sie lange recherchierte, ihr Buch schrieb, Vorträge hielt und eine Fürsprecherin für diejenigen war, die nicht für sich selbst sprechen konnten. Michi sagte, was sie dachte, dachte, was sie sagte, und setzte dies dann in die Tat um.

Walter Weglyn starb 1995. Michi setzte ihre Arbeit fort, auch wenn sich ihr Gesundheitszustand verschlechterte. Sie teilte ihre Zeit mit Kollegen und Freunden und ließ sie an ihren Forschungen durch Briefe und Telefonate teilhaben.

Michi Nishiura Weglyn starb am 25. April 1999 in New York an Krebs. Sie wollte keine Gedenkstätte, obwohl sie immer in Erinnerung bleiben, geehrt und von vielen geliebt werden wird.

Phil Tajitsu Nash, persönlicher Freund und später ihr literarischer Nachlassverwalter, nennt die Gründe, warum er Michi bewunderte und weswegen er sie liebte:

- Sie war immer sie selbst
- Sie lebte die Kunst
- Sie genoss das Leben
- Sie hatte hohe Ziele
- Sie gab nie auf
- Sie hatte einen Lebenszweck
- Sie sagte die Wahrheit
- Sie ließ andere an ihrer Begabung teilhaben
- Sie vergaß nie etwas
- Sie lebte die Zukunft

Michi Nishiura Weglyn war eine liebenswerte Frau mit einem guten Herzen, erfüllt von Integrität. Sie tat das Richtige, indem sie eine schwerwiegende Ungerechtigkeit wiedergutmachte.

> Es ist meine aufrichtige Hoffnung, dass diese
> Geschichte, die vor nur einer Generation geschah,
> uns allen als ernüchternde Erinnerung dienen möge,
> dass selbst Verfassungen nicht das
> Pergament wert sind, auf das sie gedruckt
> wurden, wenn sie nicht durch eine gesunde und
> reine öffentliche Meinung und eine Führung, die
> sich durch Integrität und Mitgefühl auszeichnet,
> in die Tat umgesetzt werden.
>
> **Michi Nishiura Weglyn**

Michis Worte finden sich in einem Zitat der Bainbridge Island Japanese American Community (BIJAC) von Bainbridge Island, Washington, wieder:

Nidoto Nai Yoni – »Lasst es nicht wieder geschehen.«

Dies ist das Motto und die Mission des Bainbridge Island Japanese American Exclusion Memorial. Die japanisch-amerikanische Gemeinde auf Bainbridge Island war die erste, die die Executive Order 9066 zu spüren bekam. Sie wurden von US-Soldaten gewaltsam aus ihren Häusern deportiert und auf eine Fähre Richtung Seattle verbracht – in eine ungewisse Zukunft.

Senator Daniel K. Inouye

Familienwappen
der Inouye

Ehrenmedaille

*Als Führungskraft muss man nicht nur das Richtige
tun, sondern auch so wahrgenommen werden, dass man
das Richtige tut. Eine Folge davon, eine Führungsposi-
tion anzustreben, ist, dass man unter intensiver öffent-
licher Beobachtung steht, dass man an hohen Standards
gemessen wird und dass man einen Ruf verbessert, der
ständig bedroht ist.*

— Jeffery Sonnenfeld und Andrew Ward —

Der verstorbene US-Senator von Hawaii, Daniel K. Inouye, gilt
als der ranghöchste asiatisch-amerikanische Politiker in der Geschichte der USA. Vor seiner Karriere als Politiker stellte Inouye
im Zweiten Weltkrieg die Integrität seiner Persönlichkeit unter
Beweis, um mit gutem Beispiel voranzugehen. Er wollte nicht
nur Befehle erteilen, sondern verdiente sich den Respekt und die
Bewunderung seiner Soldaten durch sein selbstloses Handeln

auf den Schlachtfeldern Europas. Der 1924 als Sohn japanischer Plantagenarbeiter geborene Inouye sah sich mit Vorurteilen und Diskriminierungen konfrontiert und widmete daher sein Leben der Aufgabe, seinen Mitmenschen zu helfen.

Inouye wollte Arzt werden, nachdem er sich infolge einer Ringer-Verletzung einer orthopädischen Operation unterzogen hatte. Seiner Leidenschaft folgend, wurde er Medizinstudent, Mitarbeiter einer Hilfsstation und Freiwilliger des Roten Kreuzes. Als die USA 1941 in den Zweiten Weltkrieg eintraten, nahm sein Schicksal einen völlig anderen Verlauf.

Wie andere japanische Amerikaner aus Hawaii wollte auch Inouye seine Loyalität zu Amerika unter Beweis stellen und seinem Land dienen. Er verließ das College und meldete sich freiwillig für das 442. Regimentskampfteam, das ausschließlich aus amerikanischen Soldaten japanischer Abstammung der zweiten Generation (Nisei) bestand.

Inouye war 1944 Zugführer in den Vogesen in Frankreich. Das Regiment war zwei Wochen lang im Einsatz, um das sogenannte verlorene Bataillon zu befreien, das von deutschen Truppen eingekesselt war. Während er einen Angriff anführte, wurde Inouye von einem Schuss in die Brust getroffen, doch die zwei Silberdollar, die sich in seiner Hemdtasche befanden, retteten ihm das Leben. Dieselben zwei Silberdollar trug er während des Krieges als Glücksbringer in seiner Tasche, bis sie später verloren gingen. Für seine Tapferkeit und Führungsstärke wurde er zum Second Lieutenant befördert.

Im Norditalien-Feldzug führte Inouye seinen Zug mutig und geschickt durch das gegnerische Feuer deutscher Soldaten, sodass seine Männer bis auf fast 40 Meter an eine feindliche Streitmacht in der Nähe der Toskana herankamen. Die Gotenstellung war ein Stützpunkt der deutschen Befestigungsanlagen und galt als die letzte und unnachgiebigste deutsche

Verteidigungslinie in Italien. Während eines Gefechts führte Inouye seinen Zug bis auf knapp fünf Meter an einen Maschinengewehrschützen heran und zerstörte diese Stellung, indem er persönlich zwei Granaten in die feindliche Position warf. Unter dem Beschuss eines zweiten Maschinengewehrs stand er auf, um den Angriff fortzusetzen. Er wurde jedoch von der Kugel eines Scharfschützen verwundet, während eine explodierende Granate seinen rechten Arm zerfetzte. Inouye hatte starke Schmerzen, verweigerte aber die Behandlung und führte seinen Zug, bis seine Männer durch den Widerstand durchgedrungen waren. Er zeigte wahre Führungsqualitäten, indem er die Sicherheit seines Zuges über seine eigene stellte. Inouye kämpfte weiter, bis er am Bein verwundet wurde, einen Bergkamm hinunterstürzte und infolge des Blutverlustes bewusstlos wurde.

Die Männer seines Zuges waren besorgt über Inouyes Zustand. Nachdem er das Bewusstsein wiedererlangt hatte, gab er ihnen den Befehl, zu ihrer Position zurückzukehren, und erklärte: »Niemand hat den Krieg abgebrochen!« Er kümmerte sich nicht um seinen persönlichen Zustand, da er es für wichtiger und nötiger hielt, sich auf den Sieg aller zu konzentrieren. Er wurde in ein Feldlazarett gebracht, wo die Ärzte Zweifel über seinen Zustand hatten und sich nicht sicher waren, was sie tun sollten. Inouye überzeugte sie, ihn zu operieren, und sein rechter Arm wurde amputiert, was ihm das Leben rettete, doch sein Traum, Arzt zu werden, war damit beendet. Im Jahr 1947 wurde er als Hauptmann ehrenvoll entlassen.

Für seinen Dienst in der U.S. Army wurde Inouye mit folgenden Auszeichnungen geehrt:

- zwei Purple Hearts (Verwundetenabzeichen der Streitkräfte der USA);

- eine Bronze Star Medal (Auszeichnung für herausragende Leistungen im Kampfeinsatz oder besonders verdiente Pflichterfüllung);
- Distinguished Service Cross (Auszeichnung für besondere Dienste), das im Jahr 2000 von Präsident Clinton zur Medal of Honor aufgewertet wurde;
- die 2013 posthum verliehene Presidential Medal of Freedom (Freiheitsmedaille des Präsidenten).

Wie in *Lost & Found: Reclaiming the Japanese American Incarceration* berichtet, haben drei Ereignisse, die nichts mit seinen persönlichen Kampfeinsätzen zu tun hatten, Inouyes Leben für immer verändert, wie er am 9. März 1998 bei einem Treffen mit jüdischen und japanisch-amerikanischen Führungskräften in New York erklärte.

Erstens wurden er und alle Nisei, nachdem die Japaner Pearl Harbour bombardiert hatten, in die Klasse 4C eingestuft, was sie als feindliche Ausländer kennzeichnete, eine Anschuldigung, die ihn damals wie heute schwer beleidigte.[1]

Inouye fragte sich, wie er als feindlicher Ausländer eingestuft werden konnte, wenn er doch ein integrer amerikanischer Bürger war, in Hawaii geboren und aufgewachsen. Da er japanischer Abstammung war, empfand er dies als eine große Kränkung.

Zweitens besuchte er, nachdem er sich als Freiwilliger für das segregierte 442. Regimentskampfteam gemeldet hatte, dessen amerikanische Sol-

[1] Ishizuka, Karen L. *Lost & Found: Reclaiming the Japanese American Incarceration*, (Urbana and Chicago: University of Illinois Press, 2006) 164.

daten alle japanischer Abstammung waren, mit anderen Nisei-Soldaten Rohwer, eines der zehn amerikanischen Konzentrationslager.[1]

Nachdem Inouye und die anderen Nisei-Soldaten aus Hawaii Rohwer besucht hatten, war die Fahrt zurück in die Kaserne still und ernüchternd. Sie hatten ein besseres Verständnis für die Diskriminierung bekommen, mit der die Nisei auf dem Festland konfrontiert waren. Inouye fragte sich, ob er sich freiwillig gemeldet hätte, wenn er an ihrer Stelle gewesen wäre.

Drittens, während er sich im Juni 1945 im Krankenhaus in Atlantic City von seinen Kriegsverletzungen erholte, traf er einen japanisch-amerikanischen Kameraden des 522. Feldartilleriebataillons, das eines der Nebenlager von Dachau befreit hatte. Dieser Soldat erzählte Inouye aus erster Hand von den Schrecken, die er dort erlebte.[2]

Das Gespräch hinterließ tiefe Wirkung auf Inouye. Als Senator brachte er rund 20 Jahre später einen Gesetzentwurf zur Aufhebung von Titel II des Emergency Detention Act von 1950 ein. Dieses Gesetz besagte, inländische Lager für verdächtige Personen zu errichten, die eine Bedrohung für die nationale Sicherheit darstellten; leider war dies das Schicksal vieler japanischen Amerikaner während des Zweiten Weltkrieges.

Der Senator beendete seine Ausführungen mit den Worten, dass wir – japanische Amerikaner und amerikanische Juden – zusammenarbeiten sollten; außerdem könnten wir, so der Senator, gemeinsam verhindern, dass sich die Frage, wer der Nächste sein könnte, tatsächlich niemals stellt.

---

[1]   Ishizuka, Karen L. *Lost & Found: Reclaiming the Japanese American Incarceration*, (Urbana and Chicago: University of Illinois Press, 2006) 164.
[2]   Ebd.

Für viele wäre das Pech der zerbrochenen Träume ein lähmender Rückschlag gewesen, nicht aber für Inouye. Sein Lebensziel war es stets, anderen Menschen zu dienen. Der Verlust seines Arms war lediglich ein Hindernis, das es zu überwinden galt, nicht aber eine Entschuldigung dafür, seinen Traum aufzugeben. Mit der G.I. Bill of Rights (ein Bundesgesetz der USA aus dem Jahr 1944, das US-Soldaten, die im Zweiten Weltkrieg gedient haben, die Wiedereingliederung ins Berufsleben vereinfachen sollte, Anm. d. Ü.) kehrte er ans College zurück und absolvierte seinen Abschluss an der George Washington University Law School. Bald darauf begann er seine politische Karriere, und damit erfüllte sich seine Vision, seinen Mitmenschen zu dienen, nur in einer anderen Funktion.

In seinen 58 Jahren als Staatsdiener erlitt Senator Daniel K. Inouye als gewählter Beamter nie eine Niederlage. Er wurde Präsident *pro tempore* des Senats – Dritter in der Nachfolge des Präsidenten und der zweitlängste amtierende US-Senator in der amerikanischen Geschichte nach Robert Byrd. Während seiner Karriere widmete sich Inouye dem Dienst an seinen Mitwählern, insbesondere im Namen der Gleichberechtigung aller Amerikaner, nachdem er selbst Diskriminierung erfahren hatte.

Daniel K. Inouye war ein wahrer amerikanischer Held, der seinem Land bis zu seinem Tod am 17. Dezember 2012 diente. Er wurde geehrt und in der Rotunde des Kapitols der Vereinigten Staaten aufgebahrt; Inouye war die 31. Person und der erste asiatische Amerikaner, dem diese Ehre zuteilwurde. Seine Integrität, die er unter schwierigen Bedingungen bewahrte und unter Beweis stellte, ist beispielhaft und zugleich eine Inspiration für Amerikaner und alle, die die Freiheit schätzen; in seinen letzten Momenten hat er passenderweise »Aloha« (Mitgefühl, Zuneigung) geschrieben.

Senator Daniel K. Inouye war ein wahrer Krieger, der die Wesenszüge eines Samurai – Mut, Ehre und Integrität – verkörperte, indem er diente und beschützte. Gibt es eine größere Ehre? Werden Sie sich inmitten Ihres Kampfes den Herausforderungen und Hindernissen mit dem gleichen Geist wie Inouye stellen? Wenn Sie Ehre zu Ihrem Markenzeichen und Integrität zu Ihrer Visitenkarte machen, wird die Welt Ihretwegen ein besserer Ort sein.

Ihr Ruf und Ihre Integrität sind alles. Halten Sie sich an das, wenn Sie sagen, dass Sie dieses und jenes tun werden. Ihre Glaubwürdigkeit kann nur im Laufe der Zeit aufgebaut werden, und sie ergibt sich aus der Geschichte Ihrer Worte und Taten.

Jeffery Sonnenfeld und Andrew Ward

Kapitel 3

Menschlichkeit

JIN

Das japanische
Kanji für
Menschlichkeit

Menschlichkeit

Du hast nicht gelebt, bis du etwas für jemanden getan hast, der es dir niemals vergelten kann.

— **John Bunyan** —

Menschlichkeit ist die Bereitschaft, unter allen Umständen Respekt zu zeigen. Sie umfasst die Achtung der Menschen; die Neigung, Gutes zu tun; sich der Not der anderen bewusst zu sein mit dem Wunsch, diese zu lindern.

Das Kanji *jin*, Menschlichkeit, besteht aus zwei Teilen: Das Zeichen auf der linken Seite steht für einen Menschen, auf Japanisch *nin*, und das Zeichen rechts daneben bedeutet die Zahl Zwei, japanisch: *ni*; zusammen ergeben sie das Ideogramm *jin*. Das Kanji meint wörtlich »zwei Menschen«. Seine Bedeutung leitet sich vom chinesischen Ideogramm *ren* und von der konfuzianischen Vorstellung davon ab, was das Menschsein ausmacht, oder der Art und Weise, wie zwei Menschen miteinander umgehen sollten. Wer sich menschlich und mildtätig gibt, steht stets in einer tugendhaften Beziehung zu anderen Menschen.

Websters Wörterbuch definiert Menschlichkeit als die Bereitschaft, Gutes zu tun, als einen Akt der Güte und als noble Gabe. Die Samurai waren leidenschaftliche Krieger, aber sie zeigten Wohlwollen gegenüber denen, die sie für respektwürdig hielten. Diese grundsätzliche Einstellung und Tugend unterschieden die Samurai von anderen Kriegern ihrer Zeit.

Wir leben in einer schnelllebigen Gesellschaft, in der immer mehr Innovationen zur Verfügung stehen. Die Technologie schreitet rasant voran. Das Wissen vermehrt sich in einem Tempo, wie es die Welt noch nie gekannt oder erlebt hat. Doch trotz unseres zunehmenden technischen Wissens sind wir immer noch Lebewesen mit Herz und Seele.

Menschlichkeit ist heute ein oft missverstandener Begriff. Menschlichkeit ist eine Form des Respekts. Dahinter steckt die Idee, jemandem eine helfende Hand zu reichen, um ihn wieder auf die Beine zu bringen, statt ihm nur ein Almosen zu geben.

> Ein reicher und weiser Mann schüttelt den Leuten nicht die Hand, er reicht eine helfende Hand.
>
> ———
>
> **Michael Bassey Johnson**

Die Samurai zeigten Menschlichkeit, als sie die Schwachen verteidigten oder einem besiegten Feind gestatteten, einen ehrenvollen Tod zu sterben. Im Zweiten Weltkrieg ließ der U.S. Military Intelligence Service (MIS), der ausschließlich aus japanischstämmigen Amerikanern bestand, gegenüber japanischen Gefangenen Menschlichkeit und Mitgefühl walten. Anstatt hart gegen sie vorzugehen, wussten sie, wie wichtig es war, das Gesicht zu wahren, und freundeten sich mit ihren Feinden an, die aus dem Land ihrer Väter stammten; und dies löste sowohl Verwirrung als auch Mitgefühl aus. Während des Wiederaufbaus Japans nach dem Zweiten Weltkrieg wurde der MIS zum verbindenden Glied zwischen den Amerikanern und den Japanern. Sie verstanden die

Sprache und die Kultur, sorgten für einen reibungslosen Übergang zur Demokratie und trugen zu einem erfolgreichen Wiederaufbau des Landes bei.

Ein Akt der Güte, insbesondere gegenüber den Bedürftigen, ist gut für die Seele. Es ist eine Geste, die beide beglückt: den, der gibt, und den, der nimmt. Wenn wir Samen der Güte säen, werden diese Samen in unserem Leben Früchte tragen, manchmal auf unerwartete Weise.

> Gütige Herzen sind besser als
> schöne Gesichter.
>
> ———
>
> **Japanisches Sprichwort**

In Amerika sind wir eine Nation von Spendern. Viele Organisationen wurden ins Leben gerufen, um den Bedürfnissen anderer gerecht zu werden. Wir geben von Herzen, indem wir Zeit und Geld spenden, um anderen zu helfen. Vieles davon ist eine Form der Erkenntlichkeit gegenüber unserem eigenen gesegneten Leben sowie der Wunsch, die Hand auszustrecken und denen zu helfen, die weniger wohlhabend sind als wir.

Menschlichkeit wurde bei den Samurai dadurch entwickelt, indem sie künstlerisch tätig wurden. Haiku und andere Formen des Schreibens, Geschichtenerzählens und Zeichnens erforderten die Aktivität der rechten Gehirnhälfte. Es war ein Ausgleich gegenüber der linken Gehirnhälfte, die zur Entwicklung der Kampfkünste und Kriegsstrategien beansprucht wurde.

Als Geschichtenerzählerin genieße ich es, kleinen Kindern japanische Volksmärchen zu erzählen. Danach stelle ich Fragen, um zu sehen, ob die Kinder die Moral der Geschichte verstanden haben. In einer bestimmten Geschichte, in der Herzlichkeit im Mittelpunkt stand, rief ein Junge aus: »Seid lieb!« Das waren seine einzigen zwei Worte, und doch waren sie tiefsinnig. Stellen Sie sich vor, wie unsere Welt aussehen würde, wenn wir alle gütig wären.

Mutter Teresa verkörperte den gütigen Geist, indem sie sich den Ärmsten der Armen in Indien zuwendete. Es ist eine Sache, Mitgefühl und Mitleid mit den Armen zu haben, aber eine andere, die Not zu erkennen und Maßnahmen zu ergreifen, um diese Zustände zu verbessern. 1979 wurde Mutter Teresa der Friedensnobelpreis für ihr Engagement für die Armen in den Slums von Kalkutta verliehen. Als bescheidene humanitäre Helferin nahm sie nicht an dem Bankett teil, sondern bat darum, das Geld für die Armen in Indien zu spenden. Wie viele Empfänger prestigeträchtiger Auszeichnungen waren oder sind so bescheiden und großzügig?

Chiune Sugihara stellte aus Liebe zu den Menschen, aus Nächstenliebe, Transitvisa für die Juden in Litauen aus. Seine Samurai-Erziehung beeinflusste seine Entscheidung und rettete etliche Leben.

> Der Eroberer wird mit Ehrfurcht betrachtet; der weise
> Mann gebietet unseren Respekt;
> aber es ist nur der gütige Mann, der unsere
> Zuneigung gewinnt.
>
> ———
>
> **William Dean Howells**

In diesem Kapitel werden wir erfahren, wie zwei Männer, Dr. Toshio Inahara und Dr. James Okubo, beide ihre Gaben und Talente zum Wohle der Menschheit eingesetzt haben. Vielleicht haben Sie in einer kritischen Phase Ihres Lebens Menschlichkeit erfahren, die möglicherweise aus einer unerwarteten Quelle kam. Eine humane, selbstlose Tat oder ein Akt der Güte spricht Bände. Ihre Handlungen sagen mehr als Worte, da Sie stets das Richtige tun.

Dr. Toshio Inahara

Familienwappen der Inahara

*Egoismus führt zu nichts. Großzügigkeit und
Wohlwollen führen zu großer Belohnung.*

— J.W. Lord —

Dr. Toshio Inahara ist seit seiner Jugend ein persönlicher Freund unserer Familie. Als weltbekannter Gefäßchirurg zeigte Dr. Inahara, wie sehr ihm die Menschen am Herzen liegen, als er meiner Mutter und meinen beiden Brüdern in ihren letzten Lebensabschnitten half.

Toshio Inahara, geboren 1921, verbrachte seine frühe Kindheit in Tacoma, wo sein Vater Inhaber eines *kashiya* (japanischer Süßwarenladen) war. Als er eingeschult wurde, hatte er Schwierigkeiten, Englisch zu sprechen, war aber hervorragend in Mathematik. Er besuchte eine außerplanmäßige Japanische Schule, in der er die japanische Sprache erlernte und 1200 Kanji-Zeichen auswendig lernte.

Vater Inahara wollte seine fünf Söhne auf dem Land großziehen, also gingen sie in den ländlichen Westen Oregons. Es war ein Kulturschock, von der Stadt aufs Land zu gehen, wo Inahara mit 30 Schülern eine Grundschule besuchte, die nur über einen einzigen Raum verfügte. Er genoss das Landleben, das frische Essen und das Sporttreiben mit seinen Brüdern. Bei ihrem Lieblingsspiel »Samurai« trugen sie Holzschwerter und spielten berühmte Schlachten nach.

Nach dem Angriff auf Pearl Harbor hatte sich das Leben für japanische Amerikaner drastisch verändert. Inahara meldete sich freiwillig für die U.S. Air Force. Obwohl er als Offizier qualifiziert war, wurde er, wie viele andere Japano-Amerikaner, als feindlicher Ausländer der Kategorie 4C eingestuft und war nicht dienstberechtigt. Er suchte Rechtsbeistand, um seinen Dienst leisten zu können, wurde jedoch abgelehnt. Daraufhin und wegen der drohenden Internierung beantragte er bei der US-Regierung einen Wohnortwechsel. Die Familie Inahara erhielt die eher ungewöhnliche Erlaubnis, ins Landesinnere auf eine Farm in Vale im Osten Oregons zu ziehen.

Inahara wollte das College besuchen und wurde an der Universität von Wisconsin angenommen. Es war eine schwierige Entscheidung, die Familienfarm zu verlassen, aber seine jüngeren Brüder würden sie übernehmen. Er schloss sein Studium 1946 an der University of Wisconsin mit einem Pre-Medical-Abschluss als Vorbereitung auf das Medizinstudium ab.

Im Jahr 1946 wurde Inahara an der University of Oregon Medical School angenommen, wo er seine zukünftige Frau Chizuko kennenlernte. Während seines letzten Jahres an der Universität leistete er seine Famulatur im St. Vincent Hospital in Portland ab. Nach seinem Abschluss 1951 blieb er im St. Vincent Hospital, absolvierte eine Facharztausbildung in Allgemeiner Chirurgie und blieb dort bis 1955.

In seinem letzten Ausbildungsjahr begann Inahara sich für die Gefäßchirurgie zu interessieren, ein neues Gebiet, das immer mehr an Bedeutung gewann. Während seiner ersten Jahre als

Arzt stieß er auf mehrere Vorfälle, die ihn den Bedarf an verbesserten Techniken in diesem Bereich erkennen ließen. Es bot sich die Gelegenheit, an das Massachusetts General Hospital, die Uniklinik der Harvard Medical School, zu gehen. Als Stipendiat hatte er das Glück, mit Dr. Robert Linton zusammenzuarbeiten, einem der führenden Experten auf dem Gebiet der Gefäßchirurgie. Während dieser Zeit arbeitete er an der Entwicklung künstlicher Blutgefäße und bekam seine Zulassung als Gefäßchirurg. Er kehrte als erster ausgebildeter Gefäßchirurg im US-Staat Oregon zum St. Vincent Hospital zurück.

1972 richtete Dr. Inahara die Möglichkeit zur ärztlichen Weiterbildung (die in den USA allgemein als »fellowship« bezeichnet wird, Anm. d. Übers.) ein, um Allgemeinchirurgen am St. Vincent Hospital in Gefäßchirurgie zu unterrichten und auszubilden. Die Ausbildung von Gefäßchirurgen wurde durch seinen Wunsch beflügelt, diese neuen Techniken zu verbreiten, um seinen Mitmenschen zu helfen. Als Leiter bildete er 20 Gefäßchirurgen nicht nur aus den Vereinigten Staaten, sondern auch aus Honduras, Australien und Irland aus. Dr. Inaharas Bestreben, seine Studenten zu den Besten auszubilden, zeigte sich in seinem persönlichen Engagement für jeden einzelnen von ihnen während der einjährigen Ausbildungszeit.

Seine Bereitschaft, seine Zeit und sein Wissen großzügig zur Verfügung zu stellen, half nicht nur meiner Familie, sondern Menschen weltweit. Ein Beispiel für seine Freigiebigkeit zeigte sich im Jahr 2003, als bei meinem jüngeren Bruder Dan Tsugawa im Alter von 46 Jahren Thymuskrebs diagnostiziert wurde. Das medizinische Personal im Southwest Medical Center in Vancouver, Washington, empfahl, so schnell wie möglich eine Chemotherapie durchzuführen, obwohl man nicht wusste, wie sich die Behandlung auf seinen Zustand auswirken oder wie das Ergebnis aussehen würde.

Da er hinsichtlich des Behandlungsplans ein ungutes Gefühl hatte, wandte sich Dan an Dr. Inahara, um eine zweite Meinung einzuholen. Obwohl im Ruhestand, studierte Inahara Dans CAT-Scans, Biopsien und Krankenberichte, als wäre er ein praktizierender Arzt. Er legte seinen Fall einer Studiengruppe von 30 bis 40 Ärzten vor, die sich im Providence St. Vincent Medical Center in Portland trafen. Es war ein Glücksfall, dass der Thoraxchirurg Anthony Funari eines der Mitglieder war. Er empfahl einen chirurgischen Ansatz, um den Krebs zu bekämpfen. Als Geste seiner Fürsorge war Dr. Inahara während des chirurgischen Eingriffs im Operationssaal anwesend. Die Operation war erfolgreich, und Dans Leben wurde verlängert.

Gemeinsam mit einem anderen Gefäßchirurgen und einem Geschäftspartner patentierte Dr. Inahara 1982 einen Carotisshunt, der 1984 in Produktion ging. Dies ist ein kompliziertes und lebenswichtiges medizinisches Utensil, wie er selbst es beschrieb:

Eine der Anforderungen der Gefäßchirurgie besteht darin, während der Arbeit an einem Gefäß die Durchblutung zu überbrücken (mithilfe eines »Shunt«); denn man öffnet zwar das Gefäß, will aber den Blutkreislauf nicht unterbrechen. Das Lumen (Schlauch) weist an beiden Enden Okklusionsballons auf, die die Arterie verschließen, während das Blut durch den Schlauch fließt. Um die Operation sicherer und sorgfältiger zu machen, wurde ein Ballon anstelle eines Tourniquets verwendet.

Die medizinischen Schläuche wurden Inahara-Pruitt (»der kürzere Shunt«) und Pruitt-Inahara (»der längere Shunt«) genannt. Das Unternehmen ist inzwischen verkauft worden, aber das Gerät wird noch immer hergestellt und bei Gefäßoperationen eingesetzt.

Dr. Inaharas Erfindung, der Inahara-Pruitt-Shunt, war für meine jüngere Schwester Karen Tsugawa äußerst vorteilhaft. Sie litt an mehreren Gehirnaneurysmen und musste sich im Jahr 2000 zwei Notoperationen unterziehen. Aufgrund Inaharas Erfindung profitierte meine Schwester von zwei erfolgreichen Operationen und hatte somit eine bessere Lebensqualität.

Als Arzt ging Toshio Inahara zwar in den Ruhestand, führt aber weiterhin ein aktives Leben. So pflückt er auf Vaters Beerenfarm seine eigenen Erdbeeren und kocht japanische Mahlzeiten für Papa. Er reist gerne und hat vor Kurzem das Skifahren an den Nagel gehängt – in seinen Neunzigern! Seine Freizügigkeit ist nicht darauf begrenzt, andere an seinen medizinischen Fähigkeiten teilhaben zu lassen; er und seine verstorbene Frau Chizuko spendeten ebenfalls an das Japanese American National Museum in Los Angeles.

Dr. Toshio Inahara ist das Musterbeispiel eines Arztes, der sich den hippokratischen Eid zu Herzen genommen hat. Wie für die Samurai war es sein Wunsch, Gutes zu tun. Er betreute zukünftige Gefäßchirurgen, beriet Freunde der Familie und sorgte für eine bessere Lebensqualität der Patienten; seine Arbeit wirkt sich auch heute noch aus. Die Welt ist ein besserer Ort wegen eines Mannes: Dr. Toshio Inahara, ein weltbekannter Chirurg, der sich durch sein Talent für die Medizin nachhaltig um seine Mitmenschen gekümmert hat.

> Menschlichkeit ist das charakteristische
> Element der Menschheit.
>
> ———
>
> **Konfuzius**

Dr. James K. Okubo

Ehrenmedaille

Das 2002 eröffnete Okubo Medical and Dental Complex in Fort
Lewis, Washington, ist eine angemessene Würdigung eines mutigen und heldenhaften Mannes: Dr. James K. Okubo. Die Ausstellung im Eingangsbereich des Gebäudes ist Okubos Leben
und seinen außerordentlichen Taten während seines Militärdienstes im Zweiten Weltkrieg gewidmet. Patienten und in der
Ausbildung befindliche Mediziner können sich die Ausstellung
anschauen, sich inspirieren lassen und sich fragen, ob sie unter
Druck so tapfer handeln könnten wie Okubo es tat. Wären sie
um ihre Mitmenschen hinreichend besorgt, um ihr eigenes Leben zu riskieren?

James K. Okubo wurde 1920 in Anacortes, Washington, geboren. Er meldete sich freiwillig zum Dienst als Sanitäter für das
442. Regimentskampfteam, das ausschließlich aus amerikanischen Soldaten japanischer Abstammung der zweiten Generation (Nisei) bestand. Er riskierte buchstäblich sein Leben unter
feindlichem Beschuss, um verwundete Kameraden in Frankreich zu retten und medizinisch zu versorgen. Für seine Tapferkeit wurde er mit dem Silver Star ausgezeichnet – der dritthöchs-
ten Auszeichnung der U.S. Army.

Im Jahr 2000 wertete Präsident Clinton diesen Silver Star zur Ehrenmedaille auf. In der Ehrung heißt es:

Technician Fifth Grade James K. Okubo zeichnete sich am 28. und 29. Oktober sowie am 4. November 1944 im Domaniale de Champ in der Nähe von Biffontaine in Ostfrankreich durch außergewöhnliches Heldentum aus. Am 28. Oktober kroch Technician Fifth Grade Okubo, ein Medizinstudent, der unter starken feindlichen Beschuss geriet, welcher von hinter ihm liegenden Minenfeldern und Straßensperren ausging, 137 Meter weit bis auf 37 Meter an die feindlichen Linien heran. Zwei Granaten wurden auf ihn geworfen, während er seine letzte gedeckte Position verließ, um verwundete Kameraden zurückzutragen. Unter ständigem Trommelfeuer durch feindliche Handwaffen und Maschinengewehre versorgte er am 28. Oktober 17 Männer und acht weitere am 29. Oktober. Am 4. November rannte Technician Fifth Grade Okubo knapp 70 Meter unter heftigem Maschinengewehrfeuer zu einem brennenden Panzer und rettete ein schwer verwundetes Besatzungsmitglied, das sonst gestorben wäre, aus dem Fahrzeug. Der außergewöhnliche Heldenmut und die Pflichttreue von Technician Fifth Grade James K. Okubo entsprechen den höchsten Traditionen des Militärdienstes und machen ihm, seiner Einheit und der United States Army große Ehre.

Nach dem Zweiten Weltkrieg schloss Okubo sein Studium der Zahnmedizin ab, heiratete und gründete eine Familie in Detroit. Im Januar 1967 kam er im Alter von 47 Jahren bei einem Autounfall tragisch ums Leben. Seine Familie wusste nur wenig über seinen heldenhaften Einsatz an der Front im Zweiten Weltkrieg, bis Okubos Silver Star im Jahr 2000 einer von nur zwanzig war, die zur Ehrenmedaille aufgewertet wurden. Dr. James K. Okubo zeigte Menschlichkeit und Mitgefühl, indem er sein Leben riskierte, um andere zu retten. Gibt es eine größere Berufung?

Kapitel 4

Respekt

REI

Das japanische
Kanji für Respekt

Respekt

Das Zeichen *rei* bedeutet eigentlich Ritus oder Zeremonie, im weiteren Sinne jedoch Respekt. Respekt ist eine Form des Ausdrucks gegenüber anderen, eine prinzipielle Höflichkeit, die oft mit dem Zeichen für Menschlichkeit, *jin*, verbunden wird. *Rei* kann sogar dahin gehend übersetzt werden, dass es Moral und Höflichkeit im sozialen Verhalten bedeutet. Wie die meisten Eigenschaften des Bushido findet es seinen Ausdruck sowohl in Worten als auch in Taten.

Wenn wir uns die Bedeutung von Respekt in Websters Wörterbuch ansehen, finden wir folgende Definition: Ehre oder Wertschätzung empfinden oder zeigen; in hohem Ansehen stehen; jemanden mit Ehrerbietung oder pflichtbewusster Hochachtung behandeln.

In der japanischen Kultur zeigt sich Respekterweisung am deutlichsten in der sozialen Etikette. Für die Samurai war Respekt eine Lebensweise; er definierte sowohl den Rang als auch die soziale Stellung in einer Gesellschaft, die von einem sehr strengen Klassensystem geprägt war. Die Samurai glaubten, es sei besser, das eigene Leben zu verlieren, als unhöflich oder respektlos zu sein. Angemessene Achtung wurde sowohl in Worten als auch in Taten erwartet. Als wahre Krieger galt dieser Respekt nicht nur ihren Herren, sondern auch ihren Feinden. Heute ist

Respekt ein wichtiger Bestandteil unseres menschlichen Miteinanders, an dem es leider oft mangelt.

Viele der allgemeinen Werte und Tugenden, die zu einer guten Gesellschaft beitragen, bekräftigen unsere Menschenwürde. Diese Werte kommen oft im Respekt vor dem Individuum zum Ausdruck:

> Was unterscheidet den Menschen vom Tier, wenn man nicht Respekt aufbringen kann?
>
> ———
>
> **Konfuzius**

Wer versteht, welche Rolle Respekt im gesellschaftlichen und wirtschaftlichen Umfeld spielt, kann anderen Menschen Vertrauen und Motivation einflößen. In diesem Kapitel werden wir Respekt in Zusammenhang mit der japanischen Etikette und den gesellschaftlichen Sitten diskutieren. Auch die Angestellten des Militärischen Geheimdienstes (MIS) verhielten sich respektvoll, indem sie ihren Feinden mit Güte und Würde begegneten.

Respekt ist nicht nur eine Geste, die man anderen entgegenbringt, sondern eine Reflexion des eigenen Selbstwertgefühls. Wer seine eigenen Stärken und Schwächen kennt und akzeptiert, ist eher in der Lage, das zu erkennen und zu respektieren, was er in anderen sieht.

Japanische Etikette

Gesetze kontrollieren den kleinen Mann, rechtes
Verhalten kontrolliert den größeren.

— Mark Twain —

Laut der Volkszählung 2013 hat Japan eine Bevölkerung von etwa 127 Millionen Menschen, die auf einer Fläche leben, die ähnlich groß ist wie der US-Bundesstaat Montana, nahezu so groß wie Deutschland. Die Volkszählung besagt auch, dass Montana mit einer Bevölkerung von 1 015 165 Einwohnern eine Bevölkerungsdichte von 6,5 Menschen pro Quadratmeile hat, wohingegen es in Japan 873 sind! Japan ist wegen seiner alten Gesellschaftsstruktur weltweit als ein sicheres und schönes, besuchswürdiges Land bekannt. Die Einhaltung der richtigen Etikette begünstigt Frieden und Harmonie in einem der am dichtesten besiedelten Länder der Welt; *wa*, normalerweise mit Harmonie übersetzt, ist ein Leitprinzip in der japanischen Gesellschafts-, Familien- und Unternehmensstruktur.

Die japanischen Benimmregeln sind ein wesentlicher Bestandteil der Gesellschaft und regeln das Leben der Bevölkerung. Im vorindustriellen Japan hielten sich die Menschen an einen vorgeschriebenen Verhaltenskodex, der alle Facetten ihres Lebens prägte; dies wurde Teil ihrer einzigartigen Persönlichkeit. Ein Verstoß gegen die Etikette bedeutete den Verlust des eigenen Platzes im Leben oder in der Gesellschaft. Die ersten Ausländer, die nach Japan kamen, waren erstaunt darüber, welche Höflichkeit und welches Benehmen die Japaner an den Tag legten und nahmen ihre außergewöhnlichen Bräuche zur Kenntnis, die der Förderung von Frieden und Harmonie dienten. Die Anstandsregeln werden von einer Generation an die nächste weitergegeben und sind ein Wesenszug der japanischen Bevölkerung.

Für jeden Ausländer ist die Verbeugung die Form des Respekts, die am ehesten als japanischer Brauch gilt. Kinder lernen schon in jungen Jahren, sich richtig zu verbeugen. Japanische Unternehmen bieten sogar ein entsprechendes Training für ihre Mitarbeiter an, um das richtige Verneigen zu erlernen.

> Wann immer zwei Menschen zusammenkommen und sich ihr Verhalten gegenseitig beeinflusst, zeigen sich gute Umgangsformen.
>
> **Emily Post**

Die japanische Hierarchie ist von Bedeutung, und es ist unerlässlich, sowohl den Status als auch das Alter zu berücksichtigen. Die Begrüßung ist ein Ritual; es ist wichtig, auf Grundlage der eigenen gesellschaftlichen Stellung den angemessenen Respekt und die Ehrerbietung gegenüber der angesprochenen Person zu zeigen. Sich selbst vorzustellen, gilt als unhöflich; ansehnlicher ist es, von einer anderen Person vorgestellt zu werden. In Japan spielen persönliche Beziehungen eine äußerst wichtige Rolle.

Die Japaner respektieren ihre Ältesten, indem sie ihnen Ehrfurcht und Ehre erweisen – ein Grundsatz der konfuzianischen Ethik. Es ist gang und gäbe, dass drei Generationen in Eintracht zusammenleben, wobei die jüngere(n) Generation(en) den Älteren Achtung und Respekt entgegenbringt bzw. entgegenbringen.

> Alte Menschen sind jedermanns Schätze.
>
> ───────
>
> **Japanisches Sprichwort**

Als ich mit anderen japanischen Familien aufwuchs, lehrte mich
meine Mutter, Respekt zu zeigen und meine Großmutter mit
obaasan und meinen Großvater mit *ojiisan* anzusprechen.

In der Geschäftswelt und im privaten Leben sind Empfeh-
lungen und persönliche Kontakte unerlässlich und Teil unseres Lebensgefüges; diese Beziehungen fußen auf Ehrlichkeit und
gegenseitigem Respekt. Wir pflegen Beziehungen und machen
Geschäfte mit Menschen, denen wir vertrauen und die wir mögen. Die japanische Geschäfts- und Gesellschaftskultur beruht
auf persönlichen Kontakten. Der Brauch, *meishi* (Visitenkarten)
auszutauschen, folgt einem bestimmten Ritual: Man nimmt die
Karte entgegen, schaut sie sich genau an und achtet darauf, sie
gebührend zu kommentieren. Die Karte wird weiterhin in den
Händen gehalten, während man mit der Person spricht, und ver-
schwindet nicht in der Gesäß- oder Brieftasche. Denn steckt
man die Karte hinten in die Hosentasche, sitzt man im Grunde
»auf dem Gesicht« der Person – ein großer kultureller Fauxpas.
Überdies ist es anstößig, etwas auf die Visitenkarte zu schreiben.
Soziale Spielregeln sind so tief in der japanischen Gesellschaft
verwurzelt, dass Japaner ihr Leben führen, ohne überhaupt an
diese Regeln denken zu müssen.

In Japan sind Manieren von größter Bedeutung. Kindern wird
schon in jungen Jahren beigebracht, höflich und respektvoll zu
sein und gute Manieren zu zeigen. Ich habe dies aus erster Hand
erfahren, als ich mit meiner japanischen Mutter aufwuchs. Alle

meine Brüder und Schwestern können sich daran erinnern, dass sie von unserer Mutter angewiesen und daran erinnert wurden, stets die richtigen Manieren zu zeigen. Sie sagte immer, gute Manieren an den Tag zu legen, sei so einfach, wie schlechte zu zeigen. Warum also nicht gute Manieren zeigen?

Das japanische Schulsystem legt verstärkt Wert auf gutes Benehmen. Die Einnahme des Mittagessens geschieht in der Regel im Klassenzimmer, wobei die Schüler das Essen selbst verteilen und anschließend den Raum aufräumen; außerdem werden sie während des Essens über Ernährung und gesellschaftliche Etikette unterrichtet. Ich habe das Einnehmen einer Schulmahlzeit in einem Klassenraum in Tokushima in Japan beobachtet, wo meine japanische Freundin Lehrerin war. Die Kinder waren gut erzogen, ordentlich und ließen nur sehr wenig Essen auf ihren Tellern übrig.

In der japanischen Gesellschaft ist das »Gesicht« ein Zeichen der persönlichen Würde, und das Gesicht zu wahren, ist sehr wichtig. Kommt man seinen Verpflichtungen nicht nach, verliert man sein Gesicht, und das wiegt schwerer als eine Verlegenheit oder Beleidigung; es ist ein Zeichen von Scham. Scham ist ein Verlust an Respekt, und ein Verlust an Respekt ist ein Verlust an Würde: ein Los, das sich niemand wünscht.

Respekt ist mitunter am besten als Wertschätzung des Einzelnen zu verstehen. Dies drückt sich oft dadurch aus, indem man Aufmerksamkeit für Details zeigt, sei es bei den richtigen Tischmanieren beim Essen, sei es ein offenes Ohr für jemanden zu haben, der eine Meinung oder Idee äußert. Ob in der Geschäftswelt oder im privaten Alltag, unser gesellschaftliches Miteinander dreht sich oft um Beziehungen. Und es sind diese Beziehungen, die nicht selten unseren Lebensweg bestimmen.

Für jeden, der sich hervortun möchte, muss Respekt den Takt vorgeben, wie wir unser Leben leben. Die Samurai wussten genau, was sich gehört, und bestraften selbst kleine Verstöße – eine Lebensführung, die in der Schule gelehrt und in den Kampfkünsten verankert wurde. Die Japaner lehrten und lernten nicht nur, wie man denkt, sondern kombinierten dies mit dem gezielten Training ihrer Körper, sich auf eine bestimmte Art und Weise zu bewegen, bis die Bewegung eine angelernte Reaktion war, die keine Reflexion mehr erforderte.

Die Samurai hielten sich an einen hohen Standard. Wahre Krieger zeigten Respekt und angemessenen Anstand – sogar gegenüber ihren Feinden. Ihre Stärke im Kampf wie auch ihr Umgang mit Menschen galten als Zeichen des Bushido.

Nach dem Zweiten Weltkrieg wurde der Aufstieg Japans und sein internationales Ansehen als Wirtschaftswunder betrachtet. In der westlichen Welt war man fasziniert von den japanischen Geschäftspraktiken und studierte deren Mittel zum Erfolg. Respekt (*rei*) ist ein Leitprinzip und ein integraler Bestandteil der japanischen Geschäftskultur. Er fördert Frieden, Harmonie und Konformität, weil Mitarbeiter und Manager in human geprägten Kreisen arbeiten und nicht auf den schnurgeraden Ebenen der westlichen Gesellschaft.

Militärischer Geheimdienst (MIS)

Goldene Ehrenmedaille
des Kongresses

Noch nie in der Militärgeschichte (wegen des MIS)
wusste eine Armee vor dem eigentlichen Einsatz so viel
über den Feind.

— Douglas MacArthur, General der U.S. Army —

Im Jahr 1972 wurden mit der Executive Order 11652 militärische Geheimdienstdokumente aus dem Zweiten Weltkrieg freigegeben. Mit der Freigabe dieser Informationen wurden die Beiträge und Erfolge des Militärischen Geheimdienstes (MIS) der USA zum Sieg im Zweiten Weltkrieg endlich anerkannt. Der MIS war Amerikas unberechenbare Waffe im Pazifik und eines der bestgehüteten Geheimnisse des Krieges. Die Männer und Frauen des MIS bildeten sich entsprechend aus und dienten als Vernehmungsbeamte, Dolmetscher, Übersetzer, Radiosprecher und Propagandaschreiber.

> Die Nisei (beim MIS) verkürzten den Pazifikkrieg um
> zwei Jahre und retteten möglicherweise einer Million
> Amerikanern das Leben.
>
> ---
>
> **Generalmajor Charles Willoughby,**
> **General MacArthurs Chef des Geheimdienstes**

Der Beitrag des MIS war entscheidend für den Ausgang des Krieges; MIS-Soldaten nahmen an jeder amerikanischen Schlacht gegen die Japaner teil, einschließlich der letzten Angriffe auf Okinawa und Iwo Jima. Sie dienten in allen Teilstreitkräften: in der Army, der Navy, dem Marine Corps und dem Army Air Corps, ebenso bei den britischen, australischen, neuseeländischen, kanadischen, chinesischen und indischen Streitkräften. Die MIS-Soldaten kämpften im Pazifik gegen die Japaner, ähnlich wie das 100. Infanteriebataillon und das 442. Regimentskampfteam in Italien und Frankreich gegen die Deutschen.

Ungefähr 6000 Nisei und Kibei (die in Amerika geboren, aber in Japan ausgebildet wurden) kämpften gegen das Land ihrer Eltern und Vorfahren und dienten während des Krieges beim MIS als Übersetzer und Linguisten für die japanische Sprache. Sie wurden mit Situationen konfrontiert, die ihnen mitunter das Herz brachen, da sie wussten, dass sie auf Verwandte und Klassenkameraden als Feinde stoßen konnten, was auch tatsächlich der Fall war. Dennoch zeigten und bewiesen sie ehrenhaft ihre Loyalität gegenüber einem Land, das sie diskriminierte und als feindliche Ausländer der Kategorie 4C einstufte. Hätten Sie unter ähnlichen Umständen ebenso ehrenhaft gehandelt?

Am 1. November 1941 eröffnete die U.S. Army in San Francisco auf dem Militärstützpunkt Presidio heimlich die Military Intelligence Service Language School (MISLS), nur wenige Wochen bevor Japan Pearl Harbor bombardierte. Die ersten MISLS-Studenten kamen aus der Armee, später jedoch wurden Studenten aus den amerikanischen Inhaftierungscamps rekrutiert. Als besonders nützlich erwiesen sich die Kibei-Rekruten, da sie die japanische Sprache beherrschten und die feinen Nuancen und Intentionen verstanden, die sich hinter japanisch geschriebenen Wörtern und gesprochenen Worten verbergen. Ihr Beitrag war für die alliierten Kriegsanstrengungen im Pazifik von unschätzbarem Wert.

In der japanischen Kultur ist es, wie bereits erwähnt, wichtig, das Gesicht zu wahren. Die Infragestellung der Integrität und Loyalität der japanischen Amerikaner gegenüber den Vereinigten Staaten wurde als Mangel an Respekt und als Beleidigung ihrer Ehre angesehen. Diese Ehre und dieser Respekt sollten jedoch durch die Übersetzung von über 18 000 erbeuteten Dokumenten, darunter Schlachtpläne, Karten, Tagebücher, Briefe und Befehle, wiederhergestellt werden. Außerdem verhörten sie mehr als 10 000 japanische Kriegsgefangene.

Die Nisei beim MIS wussten, was Ehre und Respekt bedeuteten, schließlich waren sie Teil ihres japanischen Erbes. Indem sie in ihrer Sprache einen gütigen Ton anschlugen und ihre Gefangenen mit Ehre und Würde behandelten, gelang es ihnen, deren Vertrauen zu gewinnen. Gesten, ein Gespräch, ein Lied auf Japanisch oder eine angebotene Zigarette halfen den MIS-Linguisten, eine Bindung zu den Kriegsgefangenen aufzubauen. Diese einfachen gütigen Taten zeigten Respekt vor dem Feind, sodass die Gefangenen ihre Würde behielten.

Am 15. August 1945 verkündete Kaiser Hirohito die Kapitulation Japans vor den Alliierten und beendete damit den Krieg im Pazifik. Nisei-Linguisten des MIS begleiteten General Mac-Arthur, als er die Kapitulationsurkunden unterzeichnete. Durch das Verständnis der MIS-Linguisten hinsichtlich der japanischen Kultur war es den Vertretern Japans möglich, sich auf respektvolle Art und Weise zu ergeben, wodurch Ehre und Würde bewahrt wurden.

Über 3000 MIS-Soldaten dienten während der Besetzung Japans und bildeten eine Kommunikationsbrücke zwischen den japanischen und den amerikanischen Beamten; die Amerikaner sprachen kein Japanisch und die Japaner kein Englisch. Die Mitarbeiter des MIS leisteten ihre Beiträge in zivilen Angelegenheiten, im Nachrichtendienst und bei der militärischen Abrüstung. Darüber hinaus begünstigte ihre Anwesenheit ein friedliches Verhältnis zwischen den Besatzungstruppen und den Japanern. Diese Beziehung wurde zum Teil durch ihre Kenntnisse beider Kulturen, der japanischen und der amerikanischen, verbessert, was dem besiegten Feind die Übergangsphase in die Demokratie erleichterte.

Während seines Aufenthaltes in Japan hörte Redakteur Mike Jenkins eine interessante Geschichte aus dem Zweiten Weltkrieg über Baseball. In der Stadt Kobe, die durch Bombenangriffe dem Erdboden gleichgemacht worden war, marschierten die amerikanischen Besatzungstruppen mit Lastwagen und Jeeps ein, mit nagelneuen Baseballschlägern und -bällen im Schlepptau. Die Japaner, die aus den mit Brettern vernagelten Fenstern der Überreste ihrer Häuser spähten, waren verängstigt. Sie dachten, die amerikanischen Soldaten seien gekommen, um sie mit Schlägern zu Tode zu prügeln, stapelten die Soldaten die Schläger doch neben großen Truppentransportern und Lastwagen. Als die Amerikaner jedoch ihre Baseball- und Fanghandschuhe anzogen und anfingen, auf den Feldern und Straßen Ball zu spielen, kamen die Japaner aus ihren Häusern und schlossen sich ihnen an. Das ist zum Teil der Grund, warum Baseball heute ein so verbreiteter Sport in Japan ist.

Eine persönliche Anmerkung: Die beiden Brüder meines Vaters George Tsugawa dienten beim MIS. Henry Tsugawa, der ältere Bruder, absolvierte seinen Dienst für den MIS im Ausland. Er hatte auf den Philippinen seine eigenen Leibwächter, falls er fälschlicherweise für einen feindlichen Kämpfer aus Japan gehalten werden sollte. Leider verstarb Henry, bevor er von seinen Erfahrungen im Zweiten Weltkrieg erzählen konnte. Aufgrund der Bemühungen seines jüngsten Bruders, Dr. James Tsugawa, wurde Henry im Jahr 2010 posthum die Goldmedaille des Kongresses verliehen. Akira Tsugawa, der jüngere Bruder, diente dem MIS in den USA. Als Japaner wollten weder Henry noch Akira persönlich auffallen und sprachen nicht über ihren Kriegsdienst. Henry und Akira dienten stolz und mutig ihrem Land. Ein Freund der Familie, Fred Irinaga, »Onkel Fred«, diente ebenfalls beim MIS in den Vereinigten Staaten. Ihr Kriegsdienst hat dazu beigetragen, den Respekt und die Ehre wiederherzustellen, die jüngere japanisch-amerikanische Generationen heute genießen, mich eingeschlossen.

> Diese Jungs sind der Grund, warum unsere Familien hier sind und wir so erfolgreich; wir sind sehr glücklich, zufrieden und gesegnet, alles ihretwegen.
>
> **Tamlyn Tomita, Schauspielerin**

Im April 2000 wurde dem Militärischen Geheimdienst die höchste Auszeichnung zuerkannt, die an eine US-Militäreinheit vergeben wird – die Presidential Unit Citation –, über 50 Jahre nach dem Ende des Zweiten Weltkrieges. Im Oktober 2010 wurde die Goldmedaille des Kongresses an die 6000 japanischen Amerikaner verliehen, die während des Krieges dem MIS dienten. Ihre herausragende Loyalität, Aufopferung und ihr Dienst für die Vereinigten Staaten wurden endlich anerkannt, wenn auch für die meisten posthum.

Die USA zeigten ihre Größe und Demut, indem sie dieses Versäumnis anerkannten und korrigierten. Die Presidential Unit Citation, die dem MIS verliehen wurde, war eine Anerkennung und ein Zeichen des Respekts für die Männer und Frauen, die ihrem Land in einer schwierigen Zeit unserer Geschichte ehrenvoll gedient haben. Wie viele Länder auf der Welt würden versuchen, eine solche Unzulänglichkeit auszugleichen?

Kapitel 5

Ehrlichkeit

MAKOTO

Das japanische Kanji
für
Ehrlichkeit

Ehrlichkeit

Ehrlichkeit ist das erste Kapitel im Buch der Weisheit.

— Thomas Jefferson —

Wie viele Kanji in der japanischen Sprache besteht auch *makoto* aus zwei Teilen. Das Zeichen auf der linken Seite wird mit »sprechen« übersetzt und stellt einen Mund dar, der Worte artikuliert. Das Zeichen auf der rechten Seite, *sei*, bedeutet »etwas erreichen«, »Erfolg haben« und bezieht sich auf unsere Handlungen. Für den Samurai diktierten seine Worte seine Taten. Sein Gesagtes musste nicht durch eine Geste wie einen Händedruck bestätigt werden; einmal ausgesprochen, galt die Zusage. Ehrlichkeit bedeutet daher die Verschmelzung von Worten und Taten: Worte gleich Taten.

Websters Wörterbuch definiert Ehrlichkeit als Fairness und aufrichtiges Verhalten, als Einhaltung der Fakten, als Offenheit.

Für die Samurai waren Sprechen und Tun ein und dasselbe. Sagte ein Samurai, er werde dieses oder jenes tun, galt es als getan. Ein wahrer Samurai war über jeden Tadel erhaben; er war ehrlich und aufrichtig gegenüber denen, die sowohl über als auch unter ihm standen, einschließlich aller, die in seiner Obhut waren. Die Menschen, die unter seinem Schutz standen, waren von ihm abhängig. Der Samurai-Krieger hatte sein Leben der Wahrheit verschrieben, für Unredlichkeit oder Unaufrichtigkeit war kein Platz.

Der Samurai baute seine Glaubwürdigkeit durch Vertrauen auf; brach er dieses Vertrauen, versagte er in seiner Ehre. Das bedeutete in der Regel den Tod, denn der Tod war der einzige Weg, Wiedergutmachung für den Verlust der Ehre zu erlangen. Für das westliche Denken mag dies befremdlich klingen und schwer nachzuvollziehen sein, doch für die Samurai war es eine Lebensweise.

Im heutigen Japan gibt es deshalb viele mündliche Vereinbarungen, die genauso rechtsgültig sind wie schriftliche, wohingegen sich die westliche Gesellschaft auf schriftliche und versiegelte Dokumente verlässt. In Japan zählt weitgehend das gesprochene Wort. Vertrauen wird stets vorausgesetzt, und ein Vertrauensbruch bedeutet, die Familie, ja sogar das ganze Dorf, die Stadt oder die Firma zu entehren.

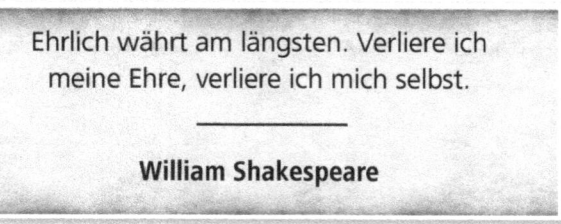

Ehrlich währt am längsten. Verliere ich meine Ehre, verliere ich mich selbst.

William Shakespeare

Beachten Sie auch in diesem Zitat den Zusammenhang mit dem Begriff Ehre. Aus dieser einfachen Aussage lässt sich viel lernen. Wer sich in seinen Bestrebungen hervortun will, muss sich diese zentrale Tugend zu eigen machen.

Ehrlich währt am längsten, aber ist Ehrlichkeit eine einfache Strategie? Ist der Preis, der für den Verlust der eigenen Ehre und des Selbstwertgefühls zu entrichten ist, es wert, Kompromisse einzugehen? Möglicherweise zieht Ehrlichkeit positive und negative Folgen nach sich; zu den negativen gehören Ablehnung, Feindseligkeit und verletzte Gefühle. Wie oft finden wir es bequemer, von der Wahrheit abzuweichen? Doch all das Positive,

das Ehrlichkeit bewirkt, ist viel weitreichender – es bringt See-
lenfrieden und gibt uns ein gutes Selbstwertgefühl.

Ehrlichkeit beginnt im Kopf. Ehrliche Gedanken sind der Aus-
gangspunkt für die nachfolgenden Taten. Als ehemalige Übergangsberaterin im Frauengefängnis Mission Creek Correction
Center for Women (MCCCW) im US-Bundesstaat Washington
gehörte es zu meinen Aufgaben, die Denkmuster, die zur Inhaftierung dieser Frauen geführt haben, kritisch zu beleuchten. Um
ihre Situation zu ändern, müssen sich ihre Gedanken und ihr Leben ändern. Ändern sich die Gedanken, ändert sich das Leben.
Alles beginnt mit dem, was zwischen Ihren beiden Ohren vor
sich geht. Jede Handlung und jedes gesprochene Wort beginnt
im Kopf.

Es erfordert Mut, ehrlich zu sein. Ehrlichkeit gilt als Teil Ihres
seelischen Unterbaus und moralischen Charakters. Wünschen
Sie sich einen robusten Charakter, hart wie Beton? Wenn Sie
vom Wind des Lebens hin und her geworfen werden, wollen Sie
dann auf festem Boden stehen oder im Sand versinken?

Der Samurai folgte allen Tugenden des Bushido und hielt sich
an diese. Es stand ihm nicht frei, einzelne Aspekte, die ihm zu-
sagten, auszuwählen, sondern er war verpflichtet, alle Prinzipien
des Bushido in seinem täglichen Leben zu praktizieren. Wenn
der Samurai den Bushido-Kodex nicht befolgte, war er kein
Samurai. Er musste diese Grundsätze leben und atmen und bereit sein, um jeden Preis das Richtige zu tun.

Thomas Jefferson schrieb: »Ehrlichkeit ist das erste Kapitel
im Buch der Weisheit.« Salomon gilt als einer der weisesten und
wohlhabendsten Männer aller Zeiten. In seinem frühen Leben
suchte Salomon vor allem nach Weisheit, und Gott gewährte
ihm sowohl Weisheit als auch Reichtum.

Ehrlichkeit, eine der alten Tugenden der Samurai, ist auch
heute noch in Japan zu beobachten, wie wir im nächsten Kapitel

erfahren werden. Nachdem der Tsunami am 11. März 2011 die Nordostküste Japans getroffen hatte, fanden kaum Plünderungen und praktisch keine Unruhen statt. Vielmehr gab das japanische Volk Millionen von Dollar in Form von Bargeld und Wertgegenständen an ihre rechtmäßigen Besitzer zurück.

Wir werden auch die Geschichte von Uwajimaya, einem asiatischen Lebensmittelgeschäft im Pazifischen Nordwesten, hören, und wie alles auf der Ladefläche eines Lkws begann. Durch die Einhaltung des Bushido-Kodex wurde Uwajimaya für seine Kunden zu einem Informationsspezialisten für asiatische Kultur, hat sich landesweit einen Namen in der Supermarktbranche gemacht und wurde 2013 vom *Seattle Business*-Magazin zum Gewinner des »Large Firms Family Business« gekürt. Ehrlichkeit ist ein Markenzeichen der meisten erfolgreichen Unternehmen. Für die japanischen Einwanderer war dies ein Grundprinzip, das sie aus Japan mitbrachten. Für Ihre eigene Lebensführung sollten Sie Folgendes überlegen:

- Stimmen meine Worte und Taten überein?
- Ist eine »Notlüge« wirklich eine Notlüge oder muss irgendwann ein Preis dafür bezahlt werden?
- Fördern meine Handlungen das Geschäft oder die Beziehungen, die ich mir in meinem Leben wünsche?

Tohoku-Erdbeben und Tsunami 2011

Ehrlichkeit und Integrität sind absolut unerlässlich
für den Erfolg im Leben – in allen Lebensbereichen. Die
gute Nachricht ist, dass jeder lernen kann, sowohl
ehrlich als auch integer zu sein.

— Zig Ziglar —

Die Journalisten Tom Miyagawa Coulton und John M. Glionna
der *Los Angeles Times* schrieben: »Altruismus und Ehrlichkeit zwischen verschiedenen Kulturen sind schwierig zu erfassen und zu
vergleichen, aber im Jahr 2003 führte ein Professor der University of Michigan Law School eine, wie er es nannte, vergleichende
Studie zur Wiedererlangung verlorener Gegenstände in den Vereinigten Staaten und Japan durch. Der Professor, Mark West, ließ
20 Portemonnaies in Tokio und 20 in New York auf der Straße
liegen, die jeweils umgerechnet 20 Dollar (etwa 17 Euro) enthiel-
ten. In New York, so West, wurden sechs Brieftaschen mit und
zwei ohne Bargeld abgegeben. In Tokio gaben die Finder 17 von
20 Geldbörsen zurück, alle mit Bargeld, und alle bis auf einer ver-
zichteten auf das Recht, das Geld einzufordern, wenn der Besitzer nicht gefunden wurde.«[1]
    Die Welt war schockiert von den Verwüstungen des Erdbe-
bens und des Tsunamis, die den Nordosten Japans am 11. März
2011 heimsuchten. Der Verlust von Eigentum und Menschenle-

---

[1] Coulton, Tom Miyagawa und Glionna, John M., *Los Angeles Times*,
22. September 2011.

ben war kaum zu ermessen. Für manche war die Reaktion des japanischen Volkes noch schwerer vorstellbar. Anstelle inmitten der Ruinen zu plündern und zu stehlen, konnte die Welt mit ansehen, wie die Menschen die Ruhe bewahrten, kooperierten und sich darauf konzentrierten, einander zu helfen. Sie organisierten sich, um Habseligkeiten und Erinnerungsstücke von Personen und Familien, die von der Tragödie betroffen waren, wiederzufinden und diesen zurückzugeben. Hat man das in New Orleans nach dem Hurrikan »Katrina« oder in New York nach dem Hurrikan »Sandy« erlebt? Was ist es, das den Charakter der Japaner auszeichnet, sodass sie ganz anders reagierten?

Von klein auf wird japanischen Kindern beigebracht, ehrlich zu sein. Es wird betont, wie wichtig Ehrlichkeit nicht nur für den Einzelnen und die Familie, sondern auch für die Gesellschaft als Ganzes ist. Den Kindern wird vermittelt, wie bedeutsam ihr individuelles Handeln ist, und die japanische Gesellschaft fördert diesen Ansatz; ihnen wird eingeflößt, wie weit ihre Handlungen über sich selbst hinaus auf andere einwirken. Geht ein Kind zum ersten Mal zu einer Polizeiwache, dann deshalb, weil es dort eine Geldmünze abgeben will, die es gefunden hat. Die japanische Gesellschaft und die Regierung fördern diese Ehrlichkeit.

Dieses Konzept der gemeinsamen Verantwortung ist Teil des japanischen Bildungssystems. Schulkindern wird beigebracht, bestimmte Aufräumarbeiten in der Schule zu übernehmen, und sie sind dafür zuständig, ihren Mitschülern das Mittagessen zu servieren.

Dieser Ehrlichkeitskodex leitete die japanischen Bürger auch nach dem Erdbeben und dem Tsunami, die die Region Tohoku zerstörten, weiterhin an. Im August 2011, fünf Monate nach der Verwüstung, berichteten Beamte, dass mehr als 5700 Tresore und Brieftaschen an die Behörden übergeben wurden. Darüber hinaus verkündete Japans Nationale Polizeibehörde, dass die meisten Antiquitäten sowie Gold, Bargeld und andere Wertgegenstände wieder zurück an ihre Besitzer kamen; die Summe belief sich auf stolze 78 Millionen Dollar, davon über 30 Millionen Dollar in bar aus den sichergestellten Tresoren und Geldbörsen. Ryuji Ito, emeritierter Professor an der Yokohama City University, sagte: »Die Tatsache, dass satte 2,3 Milliarden Yen an Bargeld an ihre Besitzer zurückgegeben wurden, zeigt das große ethische Bewusstsein der japanischen Bevölkerung.«

Auch die BBC News berichtete:

Ein anonymer Spender in Japan hat 10 Millionen Yen ($131 000; €108 289) für wohltätige Zwecke hinterlassen, indem er das Geld in einer öffentlichen Toilette liegen ließ. Das Geld wurde mit einem Brief gefunden, in dem stand, dass es an die Opfer des Erdbebens und des Tsunamis gespendet werden sollte, die Japan im März getroffen haben.

Die ordentlich verpackten Scheine wurden in einer Plastiktüte in einer Behindertentoilette im Rathaus von Sakado in einem Vorort von Tokio gefunden. Auf dem Zettel stand: Ich bin ganz allein und habe keine Verwendung für das Geld.

Das Rathaus gab bekannt, das Geld an das Rote Kreuz zu übergeben, wenn es nicht innerhalb von drei Monaten zurückgefordert würde. Beamte der Stadt sagten, der anonyme Spender habe sich unbemerkt hinein- und herausgeschlichen.

Roland Buerk von der BBC in Tokio berichtet, das Erdbeben und der Tsunami, die im März die nordöstlichen Küstengebiete verwüsteten, hätten eindrucksvolle Beispiele von Großzügigkeit und Ehrlichkeit hervorgebracht.[1]

---

[1]   BBC New-Asia Pacific (29. September 2011). http://www.bbc.co.uk/news/worldasiapacific15110090 par. 16.

Dies ist ein Beispiel für die Großzügigkeit und Ehrlichkeit des japanischen Volkes.

Die Zerstörung durch den Tsunami hat viele Menschen jeglicher Form der Identität beraubt. Wie kann man ohne persönliche Ausweispapiere Dinge erledigen, die für das Leben notwendig sind? Glücklicherweise führt Japan seit Hunderten von Jahren ein Familienregister. Aber wie bekommt man einen Ausweis, ohne dabei Betrug und Identitätsdiebstahl Tür und Tor zu öffnen? Regierungsbeamte waren der Überzeugung, dass der starke moralische Charakter der japanischen Gesellschaft überwiegen und dies kein Problem darstellen würde. Die Beamten waren sich der Ehrlichkeit der Japaner so sicher, dass das japanische Postsystem den Evakuierungszentren Bankdienstleistungen anbot und den Menschen ohne Ausweis Geld gab.

Ehrlichkeit ist eine Form der Mentalität, die den Gesamtcharakter eines Individuums oder eines Landes spiegelt. Japan ist eines der sichersten Länder der Welt; als Fußgänger kann man nachts ungefährdet durch die Städte gehen. Ich habe gesehen, wie Grundschulkinder in Kyoto ohne Begleitung Erwachsener durch die Straßen gingen und mit Bussen und Zügen fuhren, sogar nach Einbruch der Dunkelheit – eine Lebenspraxis, die den meisten anderen Teilen der Welt fremd ist.

Als Tourist habe ich mehrmals erlebt, wie ehrlich japanische Bürger sind – was auch mir zugutekam. Beim Einkaufen hatte ich versehentlich einige Sachen in einem Geschäft und auf einem Flohmarkt liegen gelassen; als ich zurückkam, fand ich sie unberührt vor. Ein japanischer Studienfreund, der kurzzeitig in unserer Gegend lebte, vertraute uns sein Honda-Auto an, um es für ihn reparieren zu lassen und zu verkaufen. Als wir Japan besuchten, schickten wir einen Brief mit 120 000 Yen (ca. 1200 Dollar oder 990 Euro) an seine japanische Adresse. Sie können sich vorstellen, dass wir erst etwas zögerten, aber der Empfänger und das Postamt versicherten uns, dass alles absolut sicher sei. Und tatsächlich, das Geld kam an! Würden Sie jemals in Betracht ziehen, dort, wo Sie leben, Geld mit der Post zu verschicken? Japan ist aufgrund des moralischen und ethischen Charakters, den der Bushido-Kodex vermittelt, eines der, wie bereits erwähnt, sichersten Länder der Welt.

Die Stadt Kyoto, in der mehr als 1 475 000 Menschen leben, ist unser bevorzugtes Reiseziel. Ich habe keine Angst, wenn ich nachts allein durch die Straßen des nördlichen Kyoto gehe, oder mir Sorgen machen zu müssen, überfallen oder ausgeraubt zu werden. Es ist meine Lieblingsstadt, weil sie von ehrlichen Menschen bewohnt wird und mit reichem Kulturgut gesegnet ist.

Japans niedrige Kriminalitätsrate wird auf die homogene Bevölkerung, die starken familiären Bindungen und die Gruppenmentalität zurückgeführt. Ein weiterer Faktor ist die zentrale Rolle, die das ehrliche Verhalten der Japaner spielt und wie es mit dieser Gruppenmentalität zusammenhängt. Die Japaner machen sich Gedanken darüber, wie sich ihre Handlungen nicht nur auf sie selbst, sondern auch auf andere auswirken. Es ist, als lebten alle Japaner gemäß der Philosophie des Zen. Es gibt keinen Dissens, und wenn doch, dann in einer Art und Weise, dass keine Disharmonie entsteht. Selbst wenn man in einer Angelegenheit anderer Meinung ist, so wird dies auf höfliche Art und Weise geäußert. Vertrauen ist wichtig – deshalb werden kriminelle Handlungen eher als Abweichung dessen gesehen, was in der japanischen Kultur als normativ gilt. Ehrlichkeit schafft Vertrauen, Vertrauen baut Beziehungen auf, und Beziehungen bauen fast alles andere auf!

Wenn Sie ein ergiebiges Leben führen oder ein seriöses Unternehmen aufbauen wollen, dann beginnen Sie mit Ehrlichkeit gegenüber Ihren Kunden, Lieferanten, Mitarbeitern, Familienmitgliedern, Freunden und sich selbst.

Uwajimaya

Familienwappen der Moriguchi

Eine Tradition des guten Geschmacks seit 1928

Fujimatsu Moriguchi begann mit dem Verkauf von selbstgemachten Fischfrikadellen und anderen japanischen Grundnahrungsmitteln an japanische Holzfäller, Fischer und Eisenbahnarbeiter in der Region Puget Sound im US-Bundesstaat Washington im Jahr 1928 – und zwar von der Ladefläche eines Lastwagens. Dies war der bescheidene Anfang von Uwajimaya, einem bekannten und beliebten Lebensmittelgeschäft in Seattles International District und Gewinner der vom *Seattle Business*-Magazin verliehenen Auszeichnung für große Firmen, die als Familienunternehmen geführt werden, im Jahr 2013. Uwajimaya wurde nach der japanischen Stadt Uwajima benannt, wo Moriguchi lernte, Fischfrikadellen und andere japanische Köstlichkeiten zuzubereiten. Das Wort *ya*, japanisch für »Geschäft«, wurde dem Firmennamen hinzugefügt.

Fujimatsu Moriguchi und seine Frau Sadako betrieben ihr Geschäft in Tacoma bis zum Ausbruch des Zweiten Weltkrieges.

Dann wurde die Familie Moriguchis, einschließlich ihrer Kinder, in das Tule Lake War Relocation Center in Kalifornien umgesiedelt, wo sie für die Dauer des Krieges lebte.

Nach dem Krieg begannen die Moriguchis wieder bei null, zogen zurück nach Seattle und eröffneten das Uwajimaya in Seattles Japantown, nur zwei Blocks vom heutigen Uwajimaya Village entfernt. Uwajimaya war ein Einzelhandelsgeschäft, ein Produzent von Fischfrikadellen und ein Importeur von Lebensmitteln und Geschenkartikeln aus Japan.

1962 fand in Seattle die Weltausstellung statt. Moriguchi nutzte diese Gelegenheit und eröffnete einen kleinen Kiosk, um japanische Produkte auszustellen und zu verkaufen. Dies war wegweisend für Moriguchi, denn dadurch erreichte er eine nichtjapanische Klientel, die er über seine Produkte aufklären und an die er seine Waren verkaufen konnte. Uwajimaya bot Delikatessen, Geschenke und Lebensmittel aus Japan an und öffnete damit neue Türen für den Erfolg des Unternehmens.

Als Moriguchi im Sommer 1962 verstarb, übernahmen seine vier Söhne die Geschäftsleitung. Glücklicherweise hatte er seiner Familie die japanische Arbeitsethik vorgelebt und gelehrt und ihr klargemacht, wie wichtig es ist, im geschäftlichen und im privaten Leben stets ehrlich zu sein, sodass das Geschäft weiter wachsen konnte. Uwajimaya erweiterte seinen Kundenstamm und seine Produktpalette, um eine breitere Bevölkerung und andere asiatische Länder einzubeziehen.

Im Jahr 1970 bezog Uwajimaya seinen neuen Signature-Store mit einer Fläche von knapp 1860 Quadratmetern und erweiterte ihn acht Jahre später um gut 1490 Quadratmeter, um dem expandierenden Geschäft Platz zu bieten. Uwajimaya war nun der größte japanische Supermarkt im amerikanischen Nordwesten, der asiatische Lebensmittel anbot und in dem es Abteilungen für Delikatessen, lebende Fische und viele Geschenk- und Nonfood-Produkte gab. Damit war er seiner Zeit um Jahre voraus und setzte einen hohen Standard.

Um der wachsenden Bevölkerung der Seattle Eastside Rechnung zu tragen, eröffnete Uwajimaya 1978 ein Geschäft in Bellevue östlich von Seattle. Der dritte Standort wurde 1997 in Beaverton, Oregon, einem Vorort von Portland, gegründet.

Das Geschäft florierte weiter, und im Jahr 2000 zog der Uwajimaya-Supermarkt in Seattle in sein neues Zuhause ein, nur einen Block weiter südlich im Herzen von Seattles International District. Der neue Flagship-Store, Uwajimaya Village, nimmt über 6130 Quadratmeter ein und ist wesentlich größer als der vorherige Laden. Zum Uwajimaya Village gehören der Seattle Uwajimaya Asian Food and Gift Market, die große Buchhandlung Kinokuniya, ein umfangreicher asiatischer Food Court namens Chase Bank und weitere Dienstleistungen. Über dem Geschäft befindet sich ein Apartmentkomplex mit 176 Wohneinheiten, in dem die Bewohner von den gut sortierten Einzelhändlern und Serviceanbietern im unteren Bereich profitieren.

Im Jahr 2002 feierte Uwajimaya sein 75-jähriges Bestehen am neuen Standort. Leider verstarb im selben Jahr das weibliche Oberhaupt, Sadako Moriguchi, im Alter von 94 Jahren. Sie hinterließ nicht nur ein Vermächtnis, sondern auch die Unverwüstlichkeit der Familie Moriguchi, die das Geschäft weiter ausbaute. Die Moriguchis leiten nach wie vor die Uwajimaya-Filialen und den Großhandel für die Lebensmittelabteilungen mit über 400 Mitarbeitern und Einnahmen in Höhe von 110 Millionen Dollar.

Wenn ich bei Uwajimaya einkaufe, finde ich mit Sicherheit die asiatischen Zutaten, Küchenutensilien und Geschenke, die ich suche. Wie in Japan werden auch bei Uwajimaya Ehrlichkeit, Kundenservice und Sauberkeit großgeschrieben.

Von den kleinen Anfängen auf der Ladefläche eines Lastwagens hat sich Uwajimaya zu einem Ankergeschäft und einem Informationsspezialisten für asiatische Kultur entwickelt und sich einen landesweit anerkannten Namen in der Supermarktbranche gemacht. Auf der Uwajimaya-Website heißt es:

Unsere Hauptmotivation für das, was wir tun, sind Sie, unser Kunde. Daher ist es für uns wichtig, einen außergewöhnlichen Service zu bieten, unser Wissen und unser Know-how zu teilen und führend bei Innovationen zu sein.

Wir feiern und begrüßen die Vielfalt unserer Kunden und unserer Community, indem wir ein komfortables, unterhaltsames und einzigartiges Einkaufserlebnis schaffen.

Uwajimaya ist ein beispielhaftes Modell, dem man folgen kann. Das Unternehmen nahm seinen Anfang auf der Ladefläche eines Lkws und entwickelte sich zu einem landesweit anerkannten und beliebten Geschäft für asiatische Waren. Die Geschichte der Moriguchis ist die echte amerikanische Erfolgsgeschichte einer Einwandererfamilie; sie hat Hindernisse überwunden, ist erfolgreich, und ihr Geschäft floriert. Die Familie Moriguchi lebt sowohl geschäftlich als auch privat nach dem Bushido-Kodex, und das Vermächtnis geht weiter.

Kapitel 6

Ehre

MEIYO

Das japanische Kanji
für Ehre

Ehre

Das erste Kanji für das japanische Wort, das im Deutschen mit Ehre übersetzt wird, ist *mei* und bedeutet »Ruf« im Sinne von Ansehen. Das zweite Kanji ist *yo*, was loben oder bewundern meint. Das japanische Wort *meiyo* (Ehre im Deutschen) bedeutet wörtlich, einen bewundernswerten oder lobenswerten Ruf zu haben.

Websters Wörterbuch definiert Ehre als einen guten Namen oder als ein öffentliches Ansehen (Reputation), als ein Zeichen des verdienten Respekts (Anerkennung) und als ausgeprägtes ethisches Verhalten (Integrität); dies ist die grundlegende Essenz des Weges des Kriegers. Bushido ist ein Kodex der Integrität, der Respekt verschafft. Vielleicht ist keine andere Eigenschaft in der japanischen Kultur wirkmächtiger als die der heiligen Ehre. Sei es die Verbeugung bei der Begrüßung, das korrekte Überreichen von Visitenkarten oder die Lebensführung als Ausdruck, um das Ansehen der Familie zu wahren – Ehre ist in der japanischen Gesellschaft allgegenwärtig.

Der Samurai lebte nach dem Ehrenkodex und weigerte sich, Kompromisse einzugehen; denn dies spiegelte nicht nur seinen Charakter wider, sondern auch den seines Herrn, seines Clans, seiner Familie und seiner zukünftigen Generationen. Im feudalen Japan galt Ehre für einen Samurai als eine heilige Pflicht, und er hätte eher den Tod gewählt, als sich zu ergeben oder Schande über seinen Herrn oder seine Familie zu bringen. Die Samurai hielten sich an hohe Standards, da sie wussten, dass ihre Worte und Taten ein Spiegelbild ihrer selbst waren, das über sie selbst hinausreichte. Ehre ist das Band, das den Kodex des Bushido zusammenhält. Ehre ist das Festhalten an Prinzipien, die als rechtschaffen gelten.

> Was bleibt übrig, wenn die
> Ehre verloren geht?
>
> ———
>
> **Publilius Syrus**

Die amerikanische Unabhängigkeitserklärung wurde am 4. Juli 1776 von 56 Patrioten unterzeichnet und verabschiedet, die zur Stütze dieser Erklärung ihr Leben, ihr Gut und ihre heilige Ehre verpfändeten. Beachten Sie, dass von diesen drei genannten Punkten die Ehre der einzige ist, der eine ethische Leitlinie darstellt. Ehre war gleichbedeutend mit dem Leben der Unterzeichnenden oder mit ihrem Gut. Diese Männer betrachteten, wie die Samurai, diese Richtlinie als grundlegend für ihr Leben. Sie setzten alles aufs Spiel, was für sie bedeutsam war.

Warum sollte Ehre einen so hohen Stellenwert haben? Die Antwort findet sich vielleicht in einem Satz aus dem Film *Gladiator*: »Was wir im Leben tun, hallt in der Ewigkeit wider.« Ein Echo ist eine Reflexion von Schallwellen. Unser Ruf und unsere Ehre sind ein Spiegelbild dessen, wer wir sind und wofür wir stehen.

Ob im Privat- oder Geschäftsleben – der Ruf, den Sie sich aneignen, ist weitaus wertvoller als das Geld auf Ihrem Konto oder als eine renommierte Geschäftslage. Er bestimmt Ihre Integrität und kann der Schlüssel sein, der Ihnen die Tür zu neuen Möglichkeiten öffnet. Hüten Sie Ihren guten Namen. Vermitteln Sie Ihrer Familie und Ihren Angestellten, wie wichtig eine ehrenhafte Reputation ist, denn sie wird Sie in Ihre Zukunft führen.

In diesem Kapitel befassen wir uns mit dem Begriff der Ehre am Beispiel des Lebens von Saigo Takamori, einem der einflussreichsten Samurai im Japan des 19. Jahrhunderts. Er lebte in der Zeit der Meiji-Restauration, einer Zeit großer Unruhen. In dieser Ära endete die Herrschaft der Samurai, während die Modernisierung vorangetrieben wurde. Doch die Prinzipien, die Japan fast 700 Jahre lang geleitet hatten, bildeten das Fundament, auf dem eine moderne Gesellschaft errichtet werden sollte.

Der Shogun des Militärs war in einen politischen Kampf mit Fraktionen verwickelt, die die Macht des kaiserlichen Hofes und des Kaisers wiederherstellen wollten. Takamori bemühte sich, die Sitten der Samurai gegen den Ansturm der westlichen Einflüsse und der Modernisierung zu bewahren. Anstatt seine Lebensweise aufzugeben, entschied er sich dafür, eher zu sterben, als in Schande zu fallen, und folgte damit einem Grundsatz der Samurai. Saigo Takamori war ein Mann mit Prinzipien und gilt als der letzte Samurai.

Ehre ist ein bedeutender Grundsatz im japanischen Charakter. Nach dem Bombenangriff auf Pearl Harbor wurde der japanisch-amerikanischen Bevölkerung an der Westküste der USA eine große Demütigung zugefügt. Viele hatten eine Familie, die in Japan lebte; einige waren in Japan ausgebildet worden. Die meisten verloren ihren Besitz und verbrachten Zeit hinter Stacheldraht; es war ein Angriff auf ihren Stolz und vor allem auf ihre Ehre.

In diesem Kapitel werden wir auch auf das Leben von Roy Matsumoto eingehen, dessen Familie durch den Zweiten Weltkrieg entzweit wurde. Er war Mitglied des Militärischen Geheimdienstes (MIS) und nutzte seine japanischen Sprachkenntnisse, um die militärischen Bemühungen der USA zu unterstützen. Er handelte ehrenhaft und betrachtete das Wohl aller, auch wenn er persönliche Entscheidungen traf.

Als Sansei wurde mir beigebracht, hart zu arbeiten, fleißig zu lernen und das Beispiel einer guten Staatsbürgerin vorzuleben. Durch mein Handeln würde nicht nur meiner Familie und mir Ehre zuteil, sondern auch der gesamten japanischen Community, die in den USA lebt. Für einen japanischen Amerikaner stand nach dem Krieg viel auf dem Spiel.

Man fragt sich, ob die Ehre als solche im 21. Jahrhundert an Bedeutung verloren hat. Führerschaft erfordert Ehre; ohne Ehre gibt es keine Ehrlichkeit, keinen Respekt, keine Menschlichkeit und keinen Mut. Ohne einen soliden Charakter ist es schwer, sich über den Boden zu erheben. Denken Sie daran: Was Sie im Leben tun, hallt in der Ewigkeit wider. Lassen Sie Ihr Echo ein Echo der Ehre sein.

Saigo Takamori

Mit einer Körpergröße von fast 1,80 Metern und einem Gewicht von über 200 Pfund war Saigo Takamori für japanische Verhältnisse nicht nur ein Hüne, sondern auch ein Mann mit festen Prinzipien und der energischen Taten. Sein scharfer Blick spiegelte seinen unerschütterlichen Charakter wider. Als eine Kraft, mit der man rechnen musste, hielt Takamori bis zu seinem Tod als tragischer Held am Bushido-Kodex fest. Am Ende war er nicht bereit, Kompromisse einzugehen und wählte lieber einen ehrenvollen Tod, als seine Prinzipien zu verraten.

Saigo Takamori wurde am 23. Januar 1828 in der Burgstadt Kagoshima im Südwesten der südjapanischen Insel Kyushu geboren. Er war das älteste von sieben Kindern von Saigo Kichibei und Masa, die beide aus dem Geschlecht der Samurai stammten. Sein Vater war vom Rang eines *koshogumi* (ein Wächter, der der Elitetruppe untersteht), dem niedrigsten Rang der Samurai, die für die Verwaltung zuständig waren. Sein Vater hatte in finanzieller Hinsicht schwer zu kämpfen, um die große und erweiterte Familie zu unterstützen und musste sich Geld leihen, damit sie über die Runden kamen. Diese bescheidenen Anfänge öffneten dem jüngeren Saigo das Herz für die Bedürftigen.

Takamoris Karriere begann 1844, als er mit 16 Jahren zum Beamten in einem ländlich gelegenen Finanzamt ernannt wurde. Mutig reichte er Petitionen ein, in denen er Maßnahmen zur Linderung der Not der Bauern vorschlug und die Korruption anprangerte. Seine Kühnheit erregte die Aufmerksamkeit des Fürsten Shimazu Nariakira, dem *daimyo* (Feudalherr und Vasall des Shogun) der Präfektur Satsuma. Fürst Nariakira war damals eine der bedeutendsten Personen in Japan und hatte Einfluss sowohl am kaiserlichen Hof als auch in der Shogunatsregierung. Obwohl von bescheidenem Rang, wurde Takamori bald ein Teil von Fürst Nariakiras innerem Kreis von Gefolgsleuten. Zu jener Zeit wurde er entsandt, um Informationen in der Hauptstadt Edo (dem heutigen Tokio) zu sammeln.

In einigen Teilen der Samurai-Klasse befürchtete man, dass das Tokugawa-Shogunat dem ausländischen Druck und dem wachsenden westlichen Einfluss nachgeben würde. In den 1850er-Jahren wurde Japan durch die Ankunft des US-amerikanischen Kommodores Matthew Perry gezwungen, sich zu öffnen und die lang währende Abschottung des Landes, oder *sakoku*, für den Außenhandel zu beenden.

1858 befand sich Takamori in Kyoto, um die Möglichkeit eines Bündnisses zwischen dem kaiserlichen Hof und denjenigen, die wie er gegen den ausländischen Einfluss waren, abzuschätzen. Während dieser Zeit wurde Fürst Nariakira krank und starb. Dieser plötzliche Tod schockierte Japan und bot der Tokugawa-Regierung die Gelegenheit, gegen diejenigen vorzugehen, die eine antishogunistische Gesinnung zeigten, zu denen auch Takamori gehörte.

Takamori wurde von 1859 bis 1862 nach Amami Oshima, einer Insel im Süden Satsumas, verbannt. Im Jahr 1862 wurde er begnadigt und aus dem Exil geholt, da er als wichtigster Gefolgsmann des Fürsten Nariakira Respekt und Glaubwürdigkeit erlangt hatte.

Takamori engagierte sich in der japanischen Politik, in der seine Worte und Taten der imperialistischen Sache wohlwollend gegenüberstanden. Nachdem er in Osaka angekommen war, begann er, sich mit engagierten Samurai und Ronin zu treffen. Diese Männer beeindruckten ihn, und später schrieb er, dass sie die Art von Menschen waren, »mit denen ich gerne im Kampf sterben würde«. Ihre selbstlose Hingabe an die edle Sache und ihre Bitte, sie dabei zu führen, gefiel ihm.

Um 1873 hatte sich die Situation für die Samurai rapide verschlechtert. Takamori legte alle seine Regierungsämter nieder und zog sich in ein abgelegenes Dorf in der Präfektur Kagoshima im Süden Japans zurück.

Nach sechs Monaten gründete Takamori private Schulen, oder *shigakko*, an denen militärisches Wissen vermittelt und die Philosophie des Bushido gelehrt wurde. Die *shigakko* setzten sich aus ehemaligen Offizieren und Soldaten der kaiserlichen Garde zusammen, die Takamori nach Satsuma folgten. Bis zum Jahr 1876 gab es in der Präfektur Kagoshima über 130 Schulen.

Der Anteil der Samurai an der Gesamtbevölkerung in Satsuma betrug fast eins zu vier; es war der höchste in Japan. Die Satsuma-Samurai hatten den besten Ruf und das größte Waffenarsenal aller Gebiete; ein möglicher Aufstand dieser Truppe war nicht auf die leichte Schulter zu nehmen.

Am 28. März 1876 verbot die Regierung das Tragen von Schwertern, außer für Soldaten, Polizisten sowie Offiziere bei staatlichen Zeremonien. Dieses Verbot war ein schwerer Schlag für die Samurai, die diesen elitären Status seit Jahrhunderten genossen. Darüber hinaus wurde im August ihr Sold um 30 Prozent gekürzt. Beide Maßnahmen waren ein Angriff auf die Privilegien und die Identität der Samurai und wurden als Mittel angesehen, ihre Stellung zu untergraben.

Die Regierung schickte Kriegsschiffe nach Kagoshima, um Waffen aus dem Regierungsarsenal zu entfernen, da sie eine Rebellion befürchtete. Diese Aktion führte zu einem offenen Konflikt zwischen den Regierungstruppen und den Samurai, die dem kaiserlichen Hause treu ergeben waren. Die Demonstranten wandten sich an Takamori, der sich widerwillig dazu überreden ließ, die Rebellen gegen die neue Zentralregierung anzuführen. Die Satsuma-Rebellen zählten etwa 20 000 Mann, waren aber einer mit modernen Waffen ausgerüsteten Armee von 40 000 Mann, später sogar 60 000, nicht gewachsen.

Die Satsuma-Rebellion war von Anfang an zum Scheitern verurteilt. Die Zahl ihrer Männer schrumpfte bald auf 400 bis 500, aber diese Samurai waren bereit, für ihre Sache zu sterben. Takamori und seine Anhänger machten sich auf den Weg nach Shiroyama, einem Hügel, auf dem die verbliebenen Samurai ihr letztes Gefecht kämpften.

Der Anführer der Regierungstruppen schrieb einen Brief, in dem er Takamori aufforderte, sich zu ergeben, dieser aber weigerte sich und verbrachte seine letzte Nacht damit, mit seinen Männern Sake zu trinken, da er nicht bereit war, gegen seine Samurai-Grundsätze zu verstoßen. Am 24. September 1877, um 3:00 Uhr morgens, griffen die Regierungssoldaten Shiroyama an. Takamori und die übrigen Samurai kämpften mit Schwertern sowie Pfeil und Bogen bis zum bitteren Ende.

Mit dem Sieg der Regierung war die Ära der Samurai offiziell beendet: Saigo Takamori verlor den Kampf um die Bewahrung ihrer Tradition und Kultur, dennoch gilt er als ehrenvoller Held. Die Ehre und die Ideale der Samurai waren für ihn wichtiger als sein eigenes Leben.

Die Geschichte von Saigo Takamori liefert ein sehr reales Beispiel für den Bushido-Kodex, wie er von den japanischen Samurai angenommen und praktiziert wurde; vielleicht wird er deswegen als der »letzte Samurai« bezeichnet. Anhand seiner Geschichte beginnen wir zu verstehen, welche Kraft und Macht hinter dem Begriff Ehre steckt. Wenngleich vermutlich nur wenig jemals in die Situation kommen werden, ihre Prinzipien bis zum Tod zu verteidigen, ist die Wertschätzung für diejenigen, die dies tun, bemerkenswert. Takamori hat nicht gesiegt, und doch genießt er bis zum heutigen Tag einen bewundernswerten Ruf. Und warum? Weil er nicht bereit war, seine Überzeugungen aufzugeben, koste es, was es wolle. Das ist es, was ehrenhafte Menschen auszeichnet. Sie siegen nicht immer, aber sie wissen aus tiefstem Herzen, dass sie das Richtige getan haben, und das verschafft ihnen sogar bei ihren Gegnern Respekt.

Wie bei Takamori gehen Ihr Ruf und Ihre Ehre über Ihre jetzige Situation hinaus; es ist etwas, das im Bushido-Kodex verankert wurde, und es wird in den Erziehungs- und Sozialkodizes der japanischen Gesellschaft über Generationen hinweg bewahrt.

Japan ist eine Gesellschaft, die sich stark an ein Regelwerk hält. Saigo Takamori stammte aus bescheidenen Verhältnissen, was ihn aber nicht davon abhielt, zu einer bedeutenden Persönlichkeit aufzusteigen. Gibt es Umstände oder Situationen, die Sie daran hindern, zu Ihrer Größe aufzusteigen?

Vielleicht werden Sie mit Situationen im Leben konfrontiert, die von Ihnen verlangen, das zu verteidigen, woran Sie glauben. In solch einem Moment brauchen Sie die Entschlossenheit eines Kriegers. Wie treffen Sie Entscheidungen, wenn Ihre Prinzipien infrage gestellt werden? Manchmal mag es einfacher, umsichtiger oder bequemer sein, einfach mit dem Strom zu schwimmen und keinen Staub aufzuwirbeln. Die richtige Entscheidung wird vielleicht nicht einfach oder beliebt sein, aber Sie wissen tief in Ihrem Inneren, dass Sie tun müssen, was richtig ist, unabhängig vom Ergebnis. Wie bei Takamori stehen Ihre Prinzipien, Ihre Ehre und Ihr Ruf auf dem Spiel. Der letzte Samurai hat seine persönlichen und beruflichen Entscheidungen nicht getrennt – sie waren eins. Kann man das auch über Sie und Ihre Entscheidungen sagen?

Wie viel ist Ihr persönlicher oder geschäftlicher Ruf wert? Diese Frage wird vielleicht nicht oft genug gestellt. Für die Samurai war es eine Frage, deren Beantwortung ihnen alles wert war.

Roy Matsumoto

Kanji der
Matsumoto

Orden der
»Legion of Merit«

Die Familie Wakaji Matsumoto wurde durch den Zweiten Weltkrieg entzweit; zwei Söhne kämpften in der U.S. Army und drei
Söhne für die Kaiserlich Japanische Armee.

Roy Matsumoto wuchs auf einer Farm in Südkalifornien auf
und eignete sich dort die japanische Arbeitsmoral an. Im Alter
von acht Jahren wurde er nach Japan geschickt, um bei seinen
Großeltern väterlicherseits in Hiroshima zu leben, wo er eine
traditionelle Ausbildung erhielt. Die Familie folgte ihm später
nach, beschloss aber schließlich, ihn zurück nach Amerika zu
schicken, damit er dort seine schulische Ausbildung beendete.
Dies machte ihn zu einem *Kibei* (ein in den USA geborener japanischer Amerikaner, der in Japan großgezogen wurde und später nach Amerika zurückkehrte). Nach seinem Abschluss an der
Long Beach Polytechnic High School im Jahr 1933 lieferte er Lebensmittel an japanische Einwandererfamilien in Südkalifornien
aus und lernte dabei viele japanische Dialekte, Redewendungen
und Slangs. Damals ahnte Matsumoto noch nicht, dass seine japanischen Sprachkenntnisse viele Leben retten und ihn zu einem
Helden machen würden.

Angesichts der wachsenden Spannungen zwischen Amerika und dem zum Teil nationalsozialistischen Europa und dem kaiserlichen Japan lastete die Möglichkeit eines Kriegszustandes der USA schwer auf dem jungen Matsumoto. Er hatte Familie in beiden Lagern; wem gegenüber verhält man sich daher loyal, wenn es persönliche Folgen für einen hat?

Als Präsident Franklin D. Roosevelt im Februar 1942 die Executive Order 9066 unterzeichnete, wurde Matsumoto vorübergehend in ein Internierungslager nach Arcadia, Kalifornien, verschickt. Schließlich wurde er in das neu errichtete Jerome Relocation Center in Arkansas verlegt und erlebte dort eine äußerst schwierige Zeit. Es waren nicht nur für den jungen Matsumoto harte Zeiten, sondern für alle japanischen Amerikaner; viele von ihnen waren US-Bürger, die an der Westküste lebten. Man zweifelte an ihrer Loyalität gegenüber ihrem Heimatland, was einer Beleidigung ihrer Ehre gleichkam, die sie so sehr schätzten.

Zur selben Zeit suchte die US-Regierung insgeheim nach japanischen Linguisten und rekrutierte Matsumoto aus dem Internierungslager Jerome. Er absolvierte die Grundausbildung in Camp Shelby, Mississippi, beim 442. Regimentskampfteam und besuchte später die Military Intelligence Language School in Camp Savage, Minnesota. Im Herbst 1942 meldete er sich freiwillig zum Dienst in der 5307th Composite Unit (provisional), zusammen mit 13 anderen Nisei-Linguisten. Dies gab Matsumoto die Gelegenheit, seine Loyalität gegenüber dem Land, das er liebte, zu beweisen und die durch die Inhaftierung beeinträchtigte Ehre wiederherzustellen. Matsumoto und die 13 anderen Japano-Amerikaner schlossen sich dieser geheimen Truppe, die besser unter dem Namen »Merrill's Marauders« (dt. Merrills Marodeure) bekannt ist, an. Berühmtheit erlangten sie dadurch, im Dschungel von Burma den Zweiten Weltkrieg überlebt zu haben. Dies war keine gewöhnliche Truppe. Die Marauders operierten tief hinter den japanischen Linien, um Informationen zu beschaffen und den Feind in seinem eigenen Gebiet zu stören und zu demoralisieren. Von den ursprünglich 2700 Marauders überlebten nur 200 das Ende der Kriegshandlungen.

Aufgrund seiner Sprachkenntnisse konnte Matsumoto Nachrichten auf japanischen Telefonleitungen abhören und diese sowie andere erbeutete Dokumente richtig deuten; so konnte er seine Einheit über feindliche Pläne und Waffenlager informieren. Als Beispiel für seine einzigartigen Fähigkeiten konnte er die genaue Aussprache des Japanischen heraushören, mit der ein Angriff aus einer japanischen Felddienstvorschrift befehligt wurde. Mit diesem Wissen erhob er sich mutig mit seinem Gewehr und gab einer ahnungslosen japanischen Einheit den Befehl zum Angriff. Als Reaktion stürmte diese Einheit in einen wartenden amerikanischen Hinterhalt. Für seinen Dienst wurde Matsumoto mit dem Orden der Legion of Merit und dem Bronze Star ausgezeichnet.

Nach dem Krieg wurde Matsumoto dem Hauptquartier der U.S. Army in Shanghai zugeteilt, um japanische Kriegsverbrechen zu untersuchen. Er wusste von der katastrophalen Bombardierung Hiroshimas, bei der über 100 000 Menschen ihr Leben verloren. Seine Familie lebte in Hiroshima, und das Fotostudio seines Vaters befand sich weniger als zwei Blocks vom Epizentrum des Atombombenabwurfs entfernt. Stellen Sie sich die Gefühle vor, die in Matsumoto vorgegangen sein müssen; es muss herzzerreißend für ihn gewesen sein.

Einer von Matsumotos Cousins, ein Soldat der japanischen Armee und Kriegsgefangener in Shanghai, erkannte ihn und teilte ihm die für ihn unerwartete Nachricht mit, dass die Familie Wakaji Matsumoto verschont geblieben war. Sie waren auf das Land außerhalb Hiroshimas umgezogen, weil es an Fotozubehör mangelte; denn um die militärische Sicherheit zu gewähr-

> Ich kann mir nicht vorstellen, in solch einer Situation
> zu sein. Auf der einen Seite versuchen sie, den
> USA zu dienen, aber auf der anderen Seite tun
> ihnen die Menschen leid, die angeblich der Feind
> sind; das ist ihr eigenes Blut, es sind ihre eigenen
> Freunde und Familien.
>
> ---
>
> **Jake Shimabukuro, Ukulele-Spieler**

leisten, war das Fotografieren von der Regierung in Hiroshima verboten worden. Die Fotografie hatte ihnen das Leben gerettet! Matsumoto erfuhr von seinem Cousin, dass einer seiner Brüder, der in Japan geblieben war, sich ebenfalls in Shanghai in Kriegsgefangenschaft befand. So machte er sich auf den Weg zum Gefängnis, um seinen Bruder wiederzusehen. Sowohl sein Cousin als auch sein Bruder wurden später aus dem Gefängnis entlassen und kehrten nach Japan zurück.

Was als Freiwilligendienst im Zweiten Weltkrieg begann, wurde für Roy Matsumoto zu einer außergewöhnlichen Karriere in der U.S. Army. Neben dem Orden der Legion of Merit wurde er mit dem Combat Infantryman's Badge, zwei Distinguished Unit Citation Ribbons und fünf Bronze Stars ausgezeichnet. 1993 wurde er in die U.S. Army Ranger Hall of Fame aufgenommen und 1997 in der Military Intelligence Hall of Fame geehrt. Im November 2010 wurde Matsumoto zusammen mit anderen Nisei-Veteranen aus dem Zweiten Weltkrieg mit der Goldmedaille des Kongresses ausgezeichnet. Die US-Regierung macht immer noch weitere Nisei ausfindig, denen sie die Medaille verleiht, heutzutage in den meisten Fällen allerdings posthum.

Wie viele andere japanische Amerikaner seiner Generation ist Roy Matsumoto ein lebendes Beispiel dafür, was eine ehrbare Person auszeichnet. Trotz der Situation, die durch Pearl Harbor und die Executive Order 9066 geschaffen wurde, sah er über diese Affronts hinweg und stellte seine Ehre, die seiner Familie, seiner Generation und seines ethnischen Erbes wieder her. Dank der Hartnäckigkeit und des Engagements seiner Tochter Karen Matsumoto wird seine Geschichte nun erzählt. Er schreibt sein Überleben in aller Bescheidenheit dem Glück und seiner fließenden Beherrschung der japanischen Sprache zu, aber wir können es sicherlich zum Teil seinem Wunsch zuschreiben, die Ehre seines Volkes wiederherzustellen.

Ehre, ein lobenswerter Ruf – was ist sie Ihnen wert?

> Niemand wurde jemals für das geehrt, was er bekam. Ehre war die Belohnung für das, was er gab.
>
> **Calvin Coolidge**

Kapitel 7

Loyalität

CHUUGI

Das japanische
Kanji für Loyalität

Loyalität

Loyalität und Hingabe führen zu Tapferkeit. Tapferkeit führt zum Geist der Selbstaufopferung. Der Geist der Selbstaufopferung sorgt für Vertrauen in die Kraft der Liebe.

— Morihei Ueshiba —

Chuugi ist ein etwas kompliziertes Zeichen, das aus zwei Teilen besteht. Das erste (obere) Kanji wird auf Japanisch *chuu* ausgesprochen und meint Aufrichtigkeit oder Loyalität. Das zweite (untere) Kanji, *gi*, wird mit Integrität, Rechtschaffenheit, Gerechtigkeit oder richtigem Handeln übersetzt, oder anders ausgedrückt: das Richtige tun. Die Definition für das kombinierte Kanji *chuugi* im Japanischen ist Treue, Verbundenheit, Wahrhaftigkeit, Gehorsamkeit und Pflichtbewusstsein; dies verstehen wir unter Loyalität.

Websters Wörterbuch definiert Loyalität als die Eigenschaft, den Zustand oder als die Tatsache, loyal zu sein und einer Person, Regierung, Sache, Pflicht etc. gegenüber die Treue zu halten. Im Kontext dieses Buches wird Loyalität als persönliche Eigenschaft oder Tugend der Samurai aufgefasst und auf den Krieger des 21. Jahrhunderts angewendet.

Es gibt eine biblische Geschichte über eine Frau namens Noemi und ihre Schwiegertöchter Ruth und Orpa, die in schweren Zeiten allesamt Witwen im Land Moab waren. Noemi begibt sich auf eine lange Reise in ihre Heimat Bethlehem. Aufgrund ihrer Verwandtschaft gelobt Ruth Noemi ihre Treue und begleitet sie bis zum Ende der Reise, wohingegen Orpa, die sich zunächst ebenfalls den beiden angeschlossen hat, nach Moab zurückkehrt. Noemi und Ruth kommen rechtzeitig zur Gerstenernte in Bethlehem an, als Boas, Noemis wohlhabender Verwandter, Ruth kennenlernt und sich in sie verliebt. Boas und Ruth heiraten, und aufgrund von Ruths Treue zu ihrer Schwiegermutter überlebte sie und wurde die Urgroßmutter von König David.

Musashi, der berühmte Samurai, setzte sich das Ziel, der beste Schwertkämpfer der Welt zu werden. Er blieb seiner Verpflichtung treu und erreichte sein Ziel. Im Laufe seines Lebens bestritt er zahlreiche Kämpfe und ging aus über 60 Duellen als Sieger hervor. Loyalität ist eine Geisteshaltung; sie wird oft mit der Hingabe an einen anderen oder an etwas anderes verbunden, etwa die Familie, den Arbeitgeber oder die Nation.

Loyalität gilt aber auch für einen selbst. Musashis Hingabe und das Bemühen, sein gesetztes Ziel erreichen zu wollen, werden als persönliche Loyalität angesehen. Dies ist ein wichtiger Punkt, der bei jeder Zielsetzung zu berücksichtigen ist, ganz gleich, wer letztlich der Nutznießer ist. Im Rahmen einer Zielsetzung bestimmen Sie zunächst Ihr Ziel. Je schwieriger das Ziel ist, desto mehr Mühe geben Sie sich, es zu erreichen. Sind die Ziele realistisch? Habe ich die Kraft, die von mir anvisierten Ziele zu erreichen?

Loyalität ist ein notwendiger Wesenszug für jeden Krieger. Für den Samurai war Loyalität seine heilige Pflicht; sie war ein Maß für seine Ehre. Die Samurai waren denjenigen, die unter ihrem Schutz standen, treu und loyal ergeben. Treue, Standhaftigkeit und Vertrauenswürdigkeit waren ihre Tugenden; das ist die eigentliche Definition von Loyalität.

Wie ein Zimmermann verstand auch der Samurai, dass es Jahre dauern würde, seine Fähigkeiten und sein Handwerk zu perfektionieren. Mit der Aneignung von immer mehr Wissen und Können erkannte er, dass seine Erfolge, während er sich zum Krieger entwickelte, zu weiteren führen würden. In unserer schnelllebigen und modernen Gesellschaft geschehen viele Dinge rasch und augenblicklich. Sie können in ein Fastfood-Restaurant gehen und Ihr Essen innerhalb weniger Minuten zu sich nehmen oder sich mit sorgfältiger Planung etwas Nahrhaftes zubereiten. Eine gleichbleibende und gesunde Ernährung führt zu einem guten Gelingen in anderen Bereichen Ihres Lebens, also bleiben Sie sich treu und honorieren Sie sich selbst.

Henry Ford blieb seinem Traum treu, ein Auto als Massenprodukt herzustellen. Er legte die Messlatte hoch an. Wenn er entmutigt worden wäre und sein Ziel aufgegeben hätte, hätte er das Modell T nicht produziert. Er musste sicherlich Rückschläge hinnehmen, aber indem er seiner Vision treu blieb, kam er an sein Ziel. Seine Entschlossenheit kommt in dem japanischen Wort *ganbaru* zum Ausdruck: Niemals aufgeben!

> Hindernisse sind jene schrecklichen Dinge, die man sieht, wenn Sie Ihren Blick von Ihrem Ziel abwenden.
>
> **Henry Ford**

In diesem Kapitel erfahren wir die Geschichte der jungen Nisei-Soldaten, die entschlossen waren, ihre Loyalität gegenüber Amerika während des Zweiten Weltkrieges unter Beweis zu stellen. Japanisch-amerikanische Männer meldeten sich freiwillig, um ihrem Land zu dienen, obwohl sie und ihre Familien gewaltsam aus ihrem Zuhause vertrieben wurden. Sie glaubten, dass die Zukunft ihrer Eltern und Geschwister von ihrem Dienst für Amerika abhing, da sie in Notzeiten kämpften und bereitwillig ihr Blut vergossen.

Spüren Sie in unserer heutigen Gesellschaft einen Mangel an Loyalität? Warum scheint es, dass unsere Verpflichtung gegenüber der Familie, den Freunden, dem Geschäftsleben, dem Land und sogar gegenüber uns selbst nicht mehr gegeben ist? Sind wir mittlerweile so gespalten, so egozentrisch oder derart entfremdet, dass wir den Wunsch verloren haben, uns einer Sache zu verschreiben, die größer ist als wir selbst? Vor nicht allzu langer Zeit waren die Mitarbeiter ihrem Arbeitgeber gegenüber loyal, und ein Arbeitgeber war seinen Mitarbeitern gegenüber loyal. Was ist daraus geworden?

Chuugi (»Loyalität«) ist das Zentrum des Herzens, das Kanji bedeutet Aufrichtigkeit, Integrität, Rechtschaffenheit, Gerechtigkeit oder richtiges Handeln – kurz, das Richtige tun. Wem schwören Sie Ihre Loyalität? Welche Träume und Ziele befinden sich im Zentrum Ihres Herzens? Seien Sie wie der Samurai-Krieger Ihrem Wort, Ihren Zielen und sich selbst gegenüber treu und geben Sie niemals auf.

> Mangelnde Loyalität ist eine
> der Hauptursachen für Misserfolge
> in allen Lebensbereichen.
>
> ———
>
> **Napoleon Hill**

100./442. Regimentskampfteam

Goldmedaille des Kongresses

*Loyalität bedeutet nichts, wenn sie nicht im Kern
das absolute Prinzip der Selbstaufopferung hat.*

— Woodrow T. Wilson —

Am 5. Oktober 2010 wurde die Goldmedaille des Kongresses an die japanisch-amerikanischen Nisei verliehen, die während des Zweiten Weltkrieges im 442. Regimentskampfteam, dem 100. Infanteriebataillon und dem Militärischen Geheimdienst (MIS) gedient hatten. Vor der Ehrung mit der Goldmedaille des Kongresses erhielten das 442. Regimentskampfteam und sein unterstützendes 100. Infanteriebataillon folgende Auszeichnungen:

- 21 Congressional Medals of Honor (Ehrenmedaillen des Kongresses)
- 560 Silver Stars (Silbersterne) plus 28 Eichenlaubabzeichen als zweite Auszeichnung für herausragende Tapferkeit

- 4000 Bronze Stars (Bronzesterne) plus 1200 Eichenlaubabzeichen als zweite Auszeichnung
- 9486 Purple Hearts (Verwundetenabzeichen der
  Streitkräfte der Vereinigten Staaten)
- 52 Distinguished Service Crosses (Auszeichnung für
  besondere Verdienste)
- 1 Distinguished Service Medal (Auszeichnung für
  außerordentliche Verdienste)
- 22 Medaillen der Legion of Merit
- 15 Soldier's Medals (Soldatenmedaillen)
- 2 Meritorious Unit Service Plaques (Plaketten für
  verdienstvolle Einsätze)
- 36 Army Commendations (Auszeichnung für nach-
  haltige militärische Verdienste)
- 87 Division Commendations (Divisionsauszeich-
  nungen)
- 19 Decorations from the Allied Nations (Auszeichnungen der alliierten Nationen)
- 9 Presidential Unit Citations (Auszeichnung, die an
  Einheiten der US-Streitkräfte und deren Alliierten
  für heldenhafte Taten vergeben wird)

Das 100. Infanteriebataillon und das 442. Regimentskampfteam
erlitten die höchste Opferzahl aller amerikanischen Kampfein-
heiten ihrer Truppengröße. Bis heute sind sie die am meisten
ausgezeichnete Einheit (sie wurden später zusammengelegt) in
der amerikanischen Militärgeschichte hinsichtlich ihrer Größe
und Dienstzeit. Die Soldaten erhielten über 18 000 einzelne Auszeichnungen; ihr Rekord ist beispiellos, und diese Männer su-
chen ihresgleichen. Sie kämpften in acht großen Feldzügen, be-
schwerten sich nie, und niemand hatte sich jemals unerlaubt von
der Truppe entfernt, stattdessen trat das Gegenteil ein: Verwun-

dete Soldaten ignorierten ihre medizinische Versorgung, um in den Kampf zurückzukehren! Diese tapferen Männer riskierten alles, um ihre Loyalität zu beweisen, ihre Ehre wiederherzustellen und ihre Rechte als Bürger der Vereinigten Staaten von Amerika zurückzugewinnen. Ihr passendes Regimentsmotto lautete daher »Go for Broke« (dt. etwa: sich verausgaben, Anm. d. Übers.), abgeleitet von dem japanischen Wort *ganbaru* – niemals aufgeben.

Die Männer des 442. Regimentskampfteams und des 100. Infanteriebataillons haben ihre Loyalität mit ihrem Blut bewiesen und den Vereinigten Staaten von Amerika während des Zweiten Weltkrieges ehrenvoll gedient. Die meisten von ihnen sind mittlerweile verstorben, aber ihre Erinnerungen werden von ihren Kindern, Enkeln und anderen lebendig gehalten, auch von mir. Als eine Sansei, eine japanische Amerikanerin der dritten Generation, schulde ich ihnen viel Dank. Sie haben den Weg geebnet, damit künftige Generationen von Japano-Amerikanern ein besseres Leben führen können. Ich bekomme immer noch feuchte Augen, wenn ich über ihre Geschichten schreibe, lese oder davon höre. Sie waren wahre Samurai und unvergleichlich.

Am 7. Dezember 1941 griff die Kaiserlich Japanische Marine Pearl Harbor an. Hawaii war die Heimat einer großen japanisch-amerikanischen Bevölkerung, und tatsächlich bildeten diejenigen mit japanischer Herkunft die ethnische Mehrheit. Nach dem Angriff am 7. Dezember gaben die USA bekannt, dass sich alle ROTC-Studenten (ROTC = Reserve Officer Training Corps, dt. etwa Reserveoffiziers-Ausbildungskorps, Anm. d. Übers.) bei der Hawaiian Territorial Guard (HTG) zum Dienst melden sollten. Die Studenten sollten wichtige Einrichtungen, Brücken, Stauseen, Wassertanks und Highschools bewachen.

Später wurden Beamte in Washington, D.C., darüber informiert, dass viele der ROTC-Studenten auf Hawaii japanischer

Abstammung waren. Sie wurden sofort als feindliche Ausländer der Kategorie 4C eingestuft, die nur für einen begrenzten Dienst infrage kamen. Unbeeindruckt davon reichten die ehemaligen ROTC-Studenten eine Petition an den Gouverneur von Hawaii ein, in der sie ihre Loyalität zu den Vereinigten Staaten bekräftigten. Diese Petition lautete:

Wir, die Unterzeichnenden, waren Mitglieder der Hawaii Territorial Guard, bis wir vor Kurzem davon ausgeschlossen wurden. Wir traten freiwillig der Garde bei, in der Hoffnung, dass dies eine Möglichkeit sei, unserem Land in Zeiten der Not zu dienen. Unnötig zu sagen, dass wir tief enttäuscht waren, als uns mitgeteilt wurde, dass unsere Dienste in der Garde nicht länger benötigt werden. Hawaii ist unsere Heimat; die Vereinigten Staaten sind unser Land. Wir kennen nur eine Loyalität, und die gilt den Stars and Stripes. Wir möchten unseren Teil als loyale Amerikaner auf jede erdenkliche Weise beitragen und bieten uns hiermit für jeden Dienst an, den Sie für angebracht halten.

Im Februar 1942 wurde dem Wunsch der ROTC-Studenten entsprochen, indem sie ein Arbeitsbataillon, bekannt als die Varsity Victory Volunteers (VVV), bildeten. Sie wurden den Schofield Barracks unter dem U.S. Army Corps of Engineers, Teil des 34. Pionierregiments, angegliedert.

Im Dezember 1942 besuchte John J. McCloy, stellvertretender Kriegsminister, die VVV auf Hawaii. Beeindruckt von dem, was er dort sah, plädierte McCloy dafür, dass das Kriegsministerium Freiwillige zur Bildung eines Regiments aufrief, das aus »allnisei«, das heißt ausschließlich aus japanischstämmigen Japanern, bestehen sollte. Ehemalige Mitglieder der Hawaii National Guard erwiesen sich bei der Gründung des 100. Infanteriebataillons der Allnisei im Juni 1942 als Vorreiter. Das 100. Bataillon war die erste Kampfeinheit, die ausschließlich aus Nisei aus Hawaii bestand, wobei die einzigen Nichtnisei die befehlshabenden Offiziere waren. Die Einheit bestand aus 1432 Männern, die im 298. und 299. Regiment der Hawaii National Guard dienten; sie wurde zur Grundausbildung auf das US-amerikanische Festland verlegt und landete in Camp Shelby, Mississippi, wo die militärische Fortbildung stattfand.

Im September 1943 landete das 100. Infanteriebataillon in Salerno, Italien, und wurde der 34. Division zugeteilt. Es entwickelte sich zu einer Eliteeinheit, schlug die deutschen Truppen zurück und öffnete den Weg nach Rom. Das 100. Bataillon wurde wegen seiner hohen Opferraten und seines Kampfgeschicks, das sich vor allem durch Härte auszeichnete, als »Purple Heart Battalion« bekannt; seine Soldaten wurden mit über 1000 Purple Hearts dekoriert.

Währenddessen formierte die U.S. Army auf dem US-amerikanischen Festland eine weitere Allnisei-Einheit, das sogenannte 442. Regimentskampfteam. Es bestand insgesamt aus drei Gruppen: dem 442. Infanterieregiment, dem 522. Feldartilleriebataillon und der 223. Pionierkompanie. Wie das 100. Bataillon bestand das 442. Regimentskampfteam komplett aus Nisei-Freiwilligen aus den amerikanischen Internierungslagern sowie aus japanisch-amerikanischen Soldaten, die bereits vor dem 7. Dezember 1941 dem Militär dienten (mit Ausnahme der Offiziere). Es war eine Ironie des Schicksals, dass sie als feindliche Ausländer der Kategorie 4C eingestuft wurden, die nicht für die Wehrpflicht infrage kamen. Das 442. Regimentskampfteam wurde, ähnlich wie das 100. Bataillon, in Camp Shelby ausgebildet und kam im Juni 1944 in Italien an.

Im selben Monat wurden das 100. Bataillon und das 442. Regimentskampfteam zusammengelegt und in das 100./442. Regimentskampfteam (100./442. Reg.) umbenannt. Anfangs passten die beiden Einheiten nicht zusammen, aber schon bald räumten sie ihre Differenzen aus und wurden zu einer starken Truppe. Die Männer des 100./442. Reg. waren darauf aus, ihre Hingabe und Loyalität gegenüber ihrem Geburtsland, den Vereinigten Staaten von Amerika, zu beweisen.

Die schwierigste Aufgabe der Einheit war die Befreiung der kleinen Stadt Bruyères in Frankreich im Oktober 1944. Nach drei Tagen brutaler Kämpfe sicherte sich das 100./442. Reg. Bruyères, erlitt aber 1200 Verluste. Auf der ihnen zu Ehren aufgestellten Gedenktafel steht:

Gewidmet den Männern des 442. RCT, U.S. Army, die hier eine historische Wahrheit bekräftigten ... dass Loyalität gegenüber dem eigenen Land nicht von der Ethnie abhängt. Diese Amerikaner, deren Vorfahren Japaner waren, durchbrachen am 30. Oktober 1944 während der Schlacht von Bruyères das Rückgrat der deutschen Verteidigung und retteten das 141. Infanteriebataillon, das vier Tage lang vom Feind umzingelt war.

Diese Gedenktafel wurde von der Japanese American Citizens League im französischen Bruyères überreicht. Der Mut, die Tapferkeit und die Loyalität der Soldaten blieben nicht unbemerkt. Die Einwohner von Bruyères feiern noch immer ihre Befreiung und ehren die anwesenden japanisch-amerikanischen Soldaten.

Nach nur zwei Tagen Ruhepause wurde das 100./442. Reg. beauftragt, das sogenannte verlorene Bataillon (»Lost Battalion«) der 36. Infanteriedivision zu retten. Die deutschen Truppen hatten das verlorene Bataillon abgeschnitten, sodass es isoliert war, kaum noch Proviant hatte und sich in Gefahr befand. Nach vier der schwersten und blutigsten Kampftage des Zweiten Weltkrieges gelang es der Einheit, die 211 Männer zu befreien, wobei sie über 800 Verluste hinnehmen musste.

Zu Ehren der Männer des 442. Regimentskampfteams, die sie befreiten und ihr Leben opferten, gibt es eine Straße in Bruyères, die »Rue du 442eme Régiment Américain d'Infanterie«. Der 65. Jahrestag ihrer Befreiung wurde im Jahr 2010 mit einer Parade und einer Nachstellung der Schlacht gefeiert. Die verbliebenen Männer des 442. Regimentskampfteams wurden eingeladen und mit einer Zeremonie geehrt.

Zwei amerikanische Schwestern, Janet und Susan Hardwick, sind besonders dankbar und wären ohne die Rettung des verlorenen Bataillons durch das 442. Regimentskampfteam gar nicht geboren worden. Ihr Vater, Sergeant Bill Hardwick, sprach selten über den Zweiten Weltkrieg, mit Ausnahme der folgenden Geschichte:

Er glaubte stets, dass das 442. ... sorgfältig ausgewählt wurde. Dass diese Männer die einzigen waren, die sie retten konnten, und dass die Geschichte ohne das 442. Regimentskampfteam nicht gut ausgegangen wäre. Wenn es das 442. Reg. nicht gegeben hätte, hätten wir [unseren Vater] nie kennengelernt.

Sergeant Bill Hardwick wollte die Soldaten des 442. Reg. ausfindig machen, verstarb jedoch, bevor er die Gelegenheit dazu hatte; die Hardwick-Schwestern erfüllten seinen Wunsch. Durch Recherchen und mithilfe des Internets begannen sie 2006 mit ihrer Suche; dies führte zu ihrem ersten Kontakt mit überlebenden Mitgliedern des 442. Reg. und zu einer emotionalen Begegnung mit den Nisei-Veteranen in Las Vegas in den Jahren 2007 und 2008. Bei einem dieser Veteranentreffen lernten sie Arthur Iwasaki (siehe folgendes Kapitel) kennen. Während einer Reise nach Europa im Jahr 2009 konnten sie das Gebiet besuchen, aus dem das verlorene Bataillon befreit wurde. Die Schwestern trafen einige Soldaten des 442. Regimentskampfteams, die an der Befreiung beteiligt waren. Dies gab ihnen die Gelegenheit, ihre Wertschätzung für ihren Mut und ihre Opfer im Namen ihres

Vaters auszudrücken. Sie ließen ihre Familie und ihre Freunde an dieser herzerwärmenden Geschichte mit aufrichtiger Dankbarkeit teilhaben.

Ebenso würdigen die Städte Belmont und Biffontaine die Soldaten des 100./442. Reg.; Denkmäler, Museen und Straßen sind ihnen zu Ehren benannt. 1962 erklärte der texanische Gouverneur John Connolly die Männer des 100./442. Reg. wegen ihrer Rolle bei der Rettung des verlorenen Bataillons offiziell zu Ehrentexanern.

Zurück zum Zweiten Weltkrieg. General Mark Clark bat ausdrücklich darum, dass das 100./442. Reg. nach Italien zurückkehren sollte, um die deutsche Gotenstellung zu durchbrechen. In der Nacht des 5. April 1945 kletterten drei Bataillone des 100./442. Reg. mit ihrer Ausrüstung in völliger Dunkelheit den steilen, über 900 Meter hohen Berg Folgorito hinauf. Einige Männer stürzten in den Tod, gaben aber im Fall keinen Laut von sich, weil sie den Feind nicht alarmieren wollten. Um 5:00 Uhr morgens, nach einem Artilleriefeuer, überrumpelten sie die Deutschen. In 32 Minuten durchbrach das 100./442. Reg. die Gotenstellung, die zuvor 30 000 Mann und sechs Monate lang den Bemühungen der alliierten Armee standgehalten hatte. Es erinnert an die Ninjas (feudale japanische Krieger, die im Verborgenen ausgebildet und als Spione und Attentäter eingesetzt wurden), als sie in absoluter Dunkelheit den Berg erklommen, um den Überraschungsangriff vor dem Morgengrauen zu starten. Das zeigte echten Samurai-Geist und das Festhalten an den Bushido-Kodex: Ehre, Mut, Loyalität und Integrität in Aktion!

Der Kampf gegen die deutsche Gotenstellung war die entscheidende und letzte Offensive, die die deutsche Armee in die Poebene trieb und ihre Kapitulation am 2. Mai 1945 in Italien erzwang. Kurz danach, am 8. Mai 1945, kapitulierte Deutschland in Westeuropa.

Die Nisei-Veteranen des 100./442. Reg. pflegen ein enges, ja einzigartiges Band zueinander und organisieren bis heute Wiedersehenstreffen. Es gibt Organisationen, die die Erinnerung an die Nisei-Veteranen, die auf den Schlachtfeldern des Zweiten Weltkrieges Loyalität, Ehre und Mut bewiesen haben, bewahren wollen. Diese Veteranen sind die Samurai-Krieger von heute.

Das 100./442. Reg. war die einzige Einheit, die nach ihrer Rückkehr aus dem Krieg vom Präsidenten der Vereinigten Staaten persönlich empfangen wurde. Bei der Verleihung der siebten Presidential Unit Citation an das 100. Infanteriebataillon/442. Regimentskampfteam auf dem Rasen des Weißen Hauses am 15. Juli 1946 sagte Präsident Harry S. Truman:

Ich kann Ihnen gar nicht sagen, wie sehr ich das Privileg zu schätzen weiß, Ihnen zeigen zu können, wie sehr die Vereinigten Staaten von Amerika an das denken, was Sie geleistet haben. Sie haben nicht nur gegen den Feind, sondern auch gegen Vorurteile gekämpft – und gesiegt. Setzen Sie diesen Kampf fort, und wir werden weiterhin gewinnen – damit diese großartige Republik das repräsentiert, wofür sie laut Verfassung steht.

Es hatte an diesem Tag geregnet, und Präsident Truman wurde geraten, die Veranstaltung abzusagen. Der Präsident bestand jedoch darauf und sagte, es sei ein kleines Opfer im Vergleich zu dem, was die Männer des 100./442. Reg. ertragen mussten.

Manche mögen sich fragen, warum die Männer des 100./442. Regimentskampfteams so willens waren, Blut für ein Land zu vergießen, das ihnen offensichtlich den Rücken zugekehrt hatte. Die Antwort ist, dass sie Amerikaner waren, keine japanischen Amerikaner, sondern einfach Amerikaner. Ihre Verpflichtung bestand darin, ihr Land zu verteidigen, so wie der Samurai seinen Herrn verteidigte. Es war ein Engagement, eine Lebensweise für zukünftige Generationen zu bewahren und ihre Ehre und

Integrität gegenüber einer Nation zu demonstrieren, die ihre Loyalität angezweifelt hatte.

Loyalität ist eine Verpflichtung gegenüber einer Sache, einer Idee, einer Nation. Wem oder was gegenüber sind Sie loyal?

Arthur Iwasaki

Kanji der Iwasaki   Bronze Star

Ein enger Freund der Familie, Arthur Iwasaki – »Onkel Art« –, war einer der Männer des 100./442. Regimentskampfteams. Unsere Familien, die Tsugawas und die Iwasakis, waren wie Cousins und Cousinen, als wir damals aufwuchsen. Wir waren alle ungefähr gleich alt, wurden auf den Familienfarmen großgezogen und wussten, wie wichtig es ist, hart zu arbeiten. Noch heute sind Mitglieder der Familien Tsugawa und Iwasaki in der Landwirtschaft und im Pflanzenhandel tätig. Mein Vater, George Tsugawa, und Arthur Iwasaki besuchten dieselbe Highschool und sind ein Leben lang Freunde geblieben. Als Kind wusste ich nicht, dass Onkel Art ein Held war.

Iwasaki wurde am 17. März 1942 zur U.S. Army eingezogen und war zwei Jahre in Fort McClelland, Alabama, stationiert. Während dieser Zeit war er als feindlicher Ausländer (Nichtbürger) der Kategorie 4C eingestuft, der nur niedere Tätigkeiten erledigen durfte. Dies war für ihn, ein Mitglied der U.S. Army, das seinem Land dienen wollte, gleichermaßen irritierend und demütigend. Er wurde jedoch dazu degradiert, untergeordnete Tätigkeiten zu verrichten, weil er Amerikaner japanischer Herkunft war: Er galt im wahrsten Sinne des Wortes als ein feindlicher Ausländer der Kategorie 4C.

Im Juni 1944 kam Iwasaki in die Ersatzeinheit des 442. Regiments, und zwar aufgrund dessen hoher Verlustrate. Er gelangte über den Atlantik ins französische Marseille und reiste dann weiter nach Épinal, ebenfalls in Frankreich. Am 27. Oktober wurde er von einem Schrapnell an Arm und Hand getroffen und in einem Jeep mit zwei anderen verwundeten Soldaten zu einem Truppenverbandplatz gebracht. Der Jeep fuhr über eine Mine, und Iwasaki brachte die beiden anderen Soldaten in Sicherheit, obwohl er selbst verwundet war; für diese mutige Tat erhielt er einen Bronze Star und ein Purple Heart. Iwasaki war an der Durchbrechung der Gotenstellung beteiligt, indem er mitten in der Nacht den steilen Berg erklomm, um den Überraschungsangriff auf die Deutschen zu starten. Bei der Befreiung von Carrère wurde er ein zweites Mal durch ein Schrapnell verwundet und erhielt sein zweites Purple Heart mit Eichenlaubabzeichen. Er verließ die Armee im November 1945 als Obergefreiter und kehrte nach Hillsboro, Oregon, zurück.

George Washington, der erste Präsident der Vereinigten Staaten, schrieb:

Wer das Purple Heart trägt, hat sein Blut für die Verteidigung seines Heimatlandes gegeben und soll für immer von seinen Landsleuten verehrt werden.

Das Blut von Onkel Art und seinesgleichen bewies die Loyalität und das Engagement der japanisch-amerikanischen Bevölkerung gegenüber seiner Nation, den Vereinigten Staaten von Amerika.

Heute werden diejenigen mit japanisch-amerikanischer Herkunft als Teil der amerikanischen Gesellschaft betrachtet; die Vorurteile des Zweiten Weltkrieges scheinen für meine Generation weit entfernt zu sein. Das verdanken wir den Soldaten des 100./442. Regimentskampfteams und ihrer Bereitschaft, in Amerikas Zeiten der Not ihren Einsatz und ihre Loyalität gezeigt zu haben.

Im Sommer 2010 reiste Iwasaki zusammen mit Tochter und Sohn nach Frankreich, um an den Feierlichkeiten in Bruyères teilzunehmen. Laut seiner Tochter, Stephanie Iwasaki Sakuye, war es ein emotionales Erlebnis, die Schlachtfelder in Frankreich zu besuchen und die Menschen zu treffen, die an der Seite ihres Vaters gekämpft haben. Der Empfang und die Begrüßung der Veteranen und Gäste in Bruyères ließen die Wertschätzung für die vielen Opfer erkennen, die das 100./442. Reg. zur Rettung der Stadt erbracht hat.

Loyalität hat ihren Preis, aber sie hat auch ihren Lohn. Die Generation meiner Eltern zahlte den Preis, damit meine Generation stolz auf ihre japanische Herkunft sein und die amerikanische Staatsbürgerschaft genießen kann.

Im Oktober 2010, im Alter von 92 Jahren, reiste Iwasaki mit seinem Sohn und seiner Tochter nach Washington, D.C. An diesem unvergesslichen Tag wurde die Goldmedaille des Kongresses an das 442. Regimentskampfteam, an das 100. Infanteriebataillon und an die Nisei, die für den Militärischen Geheimdienst (MIS) tätig waren, verliehen. Eine Nation zeigte ihre Dankbarkeit durch die Verleihung der Goldmedaille des Kongresses an diejenigen, die im 100./442. Reg. und im MIS dienten. Onkel Art war einer derjenigen, dem diese Ehre zuteilwurde.

522. Feldartilleriebataillon

Goldmedaille des Kongresses

Die Nisei-Soldaten des 522. Feldartilleriebataillons, das dem 442. Regimentskampfteam angehörte, hatten den Ruf, die besten Scharfschützen der U.S. Army zu sein. Viele Nisei-Soldaten des 522. Bataillons hatten einen natur- und ingenieurwissenschaftlichen Hintergrund und ein gutes Mathematikverständnis. Daher wurden sie von General Eisenhower, dem Kommandeur der alliierten Streitkräfte in Europa, ausgewählt, den Angriff auf Deutschland zu unterstützen, als der Krieg sich dem Ende zuneigte. Das 522. Bataillon war die einzige Nisei-Einheit, die in Deutschland kämpfte, und wurde dort eingesetzt, wo es am ehesten benötigt wurde (ein sogenanntes »umherziehendes« Bataillon); es erreichte jedes Ziel seiner 52 Einsätze.

Ein bedeutender Einsatz fand in der Nähe von München statt. Am 29. April 1945 entdeckten die Späher des 522. Bataillons Kaufering IV bei Hurlach, ein Nebenlager des Konzentrationslagers Dachau, und befreiten dort die jüdischen Gefangenen. Der schreckliche Anblick kranker, abgemagerter und sterbender Häftlinge traf die Soldaten völlig unvorbereitet, sodass Feldwebel George Oiye sagte: »Wir sollten eigentlich nicht dort sein.« Im Museum of Tolerance in Los Angeles, das in Zusammenarbeit mit der Stiftung »Go for Broke« Zeitzeugenaussagen auf Video präsentiert, sagt Tom Kono in seinem Beitrag:

Als wir endlich das Lager Dachau befreiten und hineingingen … Oh, ich denke, diese Menschen hatten große Angst vor uns. Man konnte die Furcht in ihren Gesichtern sehen. Aber schließlich erkannten sie, dass wir da waren, um sie zu befreien und ihnen zu helfen.

Das 522. Bataillon ließ Kaufering IV hinter sich, entdeckte aber beim Weiterziehen noch andere Nebenlager sowie ehemalige Häftlinge und fand Beweise für die Gräueltaten der Nazis. Das Bataillon wurde angewiesen, Sicherheitsaufgaben zu übernehmen und errichtete Straßensperren, um Nazis zu ergreifen, die zu fliehen versuchten. Im November 1945 kehrten sie in ihre Heimat in den USA zurück – zu ihren Familien, die das Leben hinter Stacheldraht ertragen hatten.

Ein junger jüdischer Junge namens Solly Ganor und sein Vater konnten die von dem japanischen Diplomaten Sugihara ausgestellten Ausreisevisa nicht nutzen und landeten in einem der Nebenlager in Dachau. Der junge Ganor befand sich auf einem Todesmarsch und wurde am Straßenrand zum Sterben zurückgelassen. Wie durch ein Wunder zogen ihn der Gefreite Clarence Matsumura und drei andere Nisei-Soldaten des 522. Bataillons aus einer Schneewehe und retteten dem Jungen das Leben. Zuerst dachte er, die Soldaten würden ihn umbringen, doch Matsumura garantierte ihm, dass er in Sicherheit sei und fuhr ihn zur ärztlichen Versorgungstelle.

1992 erhielt Ganor einen Anruf des Historikers Eric Saul, der ihn einlud, sich mit den Soldaten zu treffen, die ihn gerettet hatten. Die Soldaten sollten von der Knesset in Israel geehrt werden, und Ganor wurde gebeten, seine Erinnerungen bei dem Treffen zu teilen. Das Wiedersehen mit den Soldaten war sehr emotional; es öffnete ihm die Türen, seine Erinnerungen an den Holocaust und das, was er dort erlebt hatte, aufzuschreiben und anderen eine Teilhabe daran zu ermöglichen. Damit konnte er seinen Emotionen endlich freien Lauf lassen, die er lange unterdrückt hatte.

Dies war eine ironische Wendung des Schicksals. Obwohl ihre Eltern, Großeltern, Brüder und Schwestern sich hinter Stacheldraht befanden, waren die Nisei bereit, für das Land zu kämpfen, in dem sie geboren wurden. Die Soldaten des 522. Bataillons blieben dem Samurai-Prinzip treu: Stets das Richtige tun. Sie hielten an ihrer Ehre, ihrer Loyalität und ihrer Verpflichtung gegenüber ihrem Geburtsland, den Vereinigten Staaten von Amerika, fest.

Da sie von kleiner Statur waren, erinnerten die im Zweiten Weltkrieg kämpfenden Japano-Amerikaner an die Samurai-Krieger des alten Japan. Sie bewiesen ihre Loyalität durch einen vorbildlichen Dienst an Amerika auf ruhige und professionelle Weise, überwanden Misstrauen und Vorurteile und verdienten sich den Respekt und die Ehre für ihren tapferen Dienst. Sie erfüllten ihre Pflichten, ohne Anerkennung dafür zu fordern, und vermieden es, in irgendeiner Weise Aufmerksamkeit zu erregen.

Denken Sie daran: Loyalität ist eine Verpflichtung. Wahrscheinlich gab es Zeiten, in denen Sie schlecht behandelt, betrogen, verleumdet oder diskriminiert wurden. Das ist der Zeitpunkt, an dem Ihre Bindung an Ihre Prinzipien auf dem Prüfstand steht und festlegt, wie ernst Sie diese Verpflichtung nehmen. Wie reagieren Sie darauf? Ihre Reaktion ist das Einzige, das Sie steuern können.

Nachdem ich das Buch *Der Mensch vor der Suche nach dem Sinn* gelesen hatte, war mein Leben nicht mehr dasselbe; es bekam eine neue Bedeutung, weil es mich herausforderte, das, was ich glaubte, zu prüfen und zu bestimmen, inwieweit ich bereit war,

> Das Einzige, was man mir nicht nehmen kann,
> ist die Art und Weise, wie ich auf das reagiere,
> was man mir antut. Die letzte Freiheit besteht
> darin, unter bestimmten Umständen die eigene
> Haltung zu wählen.
>
> ---
>
> **Viktor Frankl**

mich für diese Prinzipien einzusetzen. Der Autor des Buches, Viktor Frankl, hat in den Konzentrationslagern der Nazis Hunger, Schläge und andere Grausamkeiten erlitten und überlebt, war jedoch fest entschlossen, zu leben und seine persönliche Geschichte zu erzählen. Inmitten extremen Leidens gelang es ihm, einen Sinn zu finden. Die Liebe und die Loyalität, die er für seine Frau und seine Familie empfand, gaben ihm in dieser schrecklichen Zeit Halt. Die Nazis konnten seine Freiheit kontrollieren, aber nicht sein Denken. Als er von den Amerikanern befreit wurde, erfuhr er, dass seine Schwester die einzige andere Überlebende seiner Familie war. Sein Buch hat sich über 10 Millionen Mal verkauft, wurde in 24 Sprachen übersetzt, und die Library of Congress zählt es zu den zehn einflussreichsten Büchern in den USA.

> Wenn wir eine Situation nicht mehr ändern können,
> sind wir aufgefordert, uns selbst zu ändern …
>
> ---
>
> **Viktor Frankl**

Als ehemalige Übergangsberaterin im Frauengefängnis Mission Creek Corrections Center for Women im US-Bundesstaat Washington erfuhr ich von der misslichen Lage der Frauen in meiner Klasse für Lebenskunde und hörte mir ihre Geschichten an. Ich fragte sie oft, wie es um ihr Engagement, um ihre Leistungsbereitschaft in der Zukunft bestellt sei. Nach der Diskussion leitete ich die Frauen dazu an, Entscheidungen zu treffen. Jeder Mensch hat die Wahl. Jetzt, da sie inhaftiert sind, sollten sie überlegen, welche Entscheidungen sie treffen wollen und welche Verpflichtungen sie einzugehen bereit sind, um nach ihrer Entlassung ein zufriedenstellendes Leben zu führen. Werden sie redlichen Prinzipien treu sein? Wie kann ich ihnen auf ihrem Weg helfen? Und welche Entscheidungen können Sie treffen, um das Leben zu gestalten, für das Sie geschaffen wurden? Carpe diem! Nutze den Tag und mache dein Leben zu etwas Besonderem!

Strategien sind für das Leben notwendig. Miyamoto Musashi galt als der größte Schwertkämpfer Japans, und er benutzte die Analogie eines Zimmermanns. Sie müssen planen, üben und Ihre Werkzeuge pflegen, um Ihren Lebensplan umzusetzen. Um ein erfolgreiches Leben zu führen, müssen Sie sich selbst treu bleiben und einen starken Wunsch oder einen Grund dafür haben, damit Ihr Plan in Erfüllung geht. Eines meiner Lieblingszitate stammt von einem meiner Mentoren und lautet:

> Wenn Ihre Absicht klar ist,
> zeigt sich der Mechanismus.
>
> _____
>
> **Brian Klemmer**

Im Wesentlichen bedeutet es: Die Treue gegenüber Ihren Zielen und Ihrer Vision bringt das »Wie« hervor, um sie zu erreichen. Ich möchte Sie ermuntern, sich an die Männer des 100./442. Regimentskampfteams, an Arthur Iwasaki und an Viktor Frankl zu erinnern. Wenn Sie die Mentalität der Samurai, nämlich stets das Richtige zu tun, auf sich selbst übertragen, sind Herausforderungen nur ein Teil der unglaublichen Reise des Lebens.

Kapitel 8

Ganbaru

頑張る

Das japanische
Kanji für
GANBARU

Ganbaru

Falle siebenmal hin und stehe achtmal auf.

— **Japanisches Sprichwort** —

Ganbaru ist das japanische Wort für standhaft bleiben, nicht nachgeben und ausharren. Ganbaru bedeutet, sein Bestes zu geben, nicht aufzugeben und durchzuhalten – bis zum bitteren Ende. Geben Sie alles! Bleiben Sie auch in schwierigen Zeiten hartnäckig! Ganbaru bedeutet, sich voll und ganz einer Aufgabe zu widmen und sie zu Ende zu bringen. Obwohl Ganbaru nicht zu den Grundsätzen des Bushido gehört, glaube ich, dass es die Essenz des Samurai-Geistes ist.

Ganbaru kann auch beschrieben werden als:

- Kühnheit
- Tapferkeit
- Entschlossenheit
- Festigkeit
- Fokus
- Standhaftigkeit
- Motivation
- Durchhaltevermögen
- Beharrlichkeit

Ganbaru wird verwendet, um Ermutigung auszudrücken. Die Japaner verwenden die Imperativform dieses Wortes, *ganbatte*, um sich gegenseitig im Sport und bei gemeinsamen Aktivitäten anzuspornen. Wenn schulische Prüfungen anstehen, unterstützen Schüler und Eltern die Teilnehmer, indem sie sie anfeuern: Ganbatte! Gebt euer Bestes, haltet durch und setzt euch voll ein, um hervorragende Leistungen zu erbringen.

Ganz gleich, in welcher Situation man sich befindet: Es ist das aufrichtige Bemühen um Durchhaltevermögen, das als bewundernswert und würdig erachtet wird. Das Bestreben wird um seiner selbst willen bewertet. Ich glaube, dass es immer einen Weg gibt, Hindernisse zu überwinden und erfolgreich zu sein; es ist nicht vorbei, bis es vorbei ist.

Ganbaru ist ein japanisches Wort ohnegleichen und spiegelt den Charakter des japanischen Volkes wider. Es gibt keine direkte Definition oder Übersetzung aus dem Englischen oder Deutschen; es ist eher ein Gefühl und eine Gemütsverfassung. Die chinesische und die koreanische Sprache verwenden zwar beide die Zeichen, aus denen sich dieses Wort zusammensetzt, drücken aber nicht dieselbe Bedeutung aus.

Es gibt ein japanisches Sprichwort, *ishi no ue ni mo san nen*, das bedeutet »Sitze drei Jahre lang auf einem kalten Felsen, bis er warm wird«. Diese Lebensweisheit drückt die Bedeutung von Ganbaru treffend aus, indem es sich auf die Anstrengung bezieht, die erforderlich ist, um den Felsen zu erwärmen. Wer seine Ziele erreichen will, braucht Ausdauer. Doch wie soll man seine Ziele erfüllen, ohne die Ausdauer und die Entschlossenheit eines Samurai zu besitzen?

In meinem persönlichen Leben wurde dieser Glaube an Ganbaru offensichtlich, nachdem ich mich innerhalb kurzer Zeit nicht nur bei einem, sondern bei zwei Auffahrunfällen verletzt hatte. Bei mir wurde ein Schädel-Hirn-Trauma (SHT) diagnostiziert, und ich litt sowohl unter körperlichen Schmerzen als auch unter geistiger Erschöpfung und war nicht in der Lage, die täglichen Aufgaben des Lebens zu bewältigen. Meine Fähigkeit zu lesen wurde auf dem Niveau der siebten Klasse getestet. Ich war jedoch entschlossen, meine Funktionsfähigkeit wiederherzustellen, und schwor mir, zu kämpfen und durchzuhalten, bis es mir gelang!

Die meiste Zeit meines Lebens hatte ich eine Abneigung gegen Ärzte. Ich erinnere mich, wie ich versuchte, meine Mutter davon zu überzeugen, dass es mir am Tag der Schulimpfungen nicht gut ging; es funktionierte jedoch nicht. Ich versuchte, vor der Schulkrankenschwester davonzulaufen, damit ich nicht geimpft wurde. Die ganze Qual mit dem SHT zwang mich, mich meinen Ängsten zu stellen, als ich jahrelang Arzttermine wahrnehmen und Reha-Maßnahmen über mich ergehen lassen musste. Tatsächlich hatte ich mehr Arzttermine und Reha-Therapien, um wieder völlig gesund zu werden, als in meinem ganzen Leben davor! Ich bin ein Babyboomer. Von 2005 bis 2015 habe ich Tausende von Terminen ertragen, um meine körperliche und geistige Gesundheit wiederzuerlangen. Meine Ausdauer und Hartnäckigkeit haben sich ausgezahlt. Aufgrund der Gnade und Beharrlichkeit Gottes habe ich jetzt ein Schädel-Hirn-Trauma überstanden. Ganbaru!

> Das Ruhmreichste im Leben besteht nicht darin, niemals zu fallen, sondern jedes Mal wieder aufzustehen, wenn wir fallen.
>
> ———
>
> **Brian Klemmer**

In Japan ist Ganbaru von zentraler Bedeutung. Die Samurai hielten sich an den Bushido-Kodex und waren stets bestrebt, um jeden Preis ihr Bestes zu geben. Zwischen 1950 und 1980 im Nachkriegsjapan arbeiteten die Japaner hart und konzentrierten sich darauf, ihr Land nach den Zerstörungen des Zweiten Weltkrieges tatkräftig zu unterstützen und wiederaufzubauen. Der Slogan »Ganbaru Kobe« sollte die Menschen in der Stadt Kobe ermutigen, ihre Stadt nach dem Hanshin-Erdbeben im Jahr 1995 wieder aufzubauen und zurück in ein normales Leben zu finden. Ganbaru war einer der am häufigsten gehörten Ausdrücke nach dem verheerenden Tohoku-Erdbeben und dem anschließenden Tsunami im Jahr 2011. Obwohl die Menschen mit großen Widrigkeiten konfrontiert waren, haben sowohl der weitverbreitete Geist der Samurai als auch die Ermutigung durch Ganbaru in Japan weitergelebt!

Erinnern Sie sich, als ich weiter oben darüber sprach, dass Chiune Sugihara gegen den Befehl der japanischen Regierung Transitvisa ausstellte, um das Leben der von der Vernichtung bedrohten Juden zu retten? Jedes einzelne Visum wurde von Hand ausgestellt und erforderte einen enormen physischen und emotionalen Einsatz. Er wusste, dass ohne sein Durchhaltevermögen viele Juden wahrscheinlich sterben würden. Ein weiteres bedeutendes Beispiel für Ganbaru ist der verstorbene Senator Dániel Inouye, der während des Zweiten Weltkrieges mutig weiterkämpfte, auch nachdem er am Arm schwer verwundet war und viel Blut verloren hatte. Sein Arm wurde amputiert, wodurch sein Traum, Arzt zu werden, beendet war; doch sein Wunsch, anderen zu dienen, war ungebrochen.

In diesem Kapitel sprechen wir über die Hartnäckigkeit meiner lieben Mutter, Mable Tsugawa. Nach dem Vulkanausbruch des Mount St. Helens im US-Bundesstaat Washington in den 1980er-Jahren stellte sie ihre Beharrlichkeit unter Beweis und eröffnete ein Geschäft, als sie sich bereits dem Rentenalter näherte. Sie glaubte, dass alles möglich sei, wenn man nur nicht aufgibt.

Mable Tsugawa war ein lebendes Beispiel für den Geist der Samurai: Ihr Charakter zeichnete sich durch Integrität, Mut und Beharrlichkeit aus. Ganbaru!

Mable Tsugawa

Familienwappen der Tsugawa

*Sie verwandelte ihr »Ich kann nicht« in »Ich kann« und
setzte ihre Träume in Pläne um.*

— Kobi Yamda —

Was macht man, nachdem man sechs Kinder großgezogen
und sein Leben dem Florieren der Familienfarm gewidmet hat?
Manchmal kann ein leeres Nest ein zweifelhafter Segen sein, so
auch für meine Mutter, Mable Kazuko Taniguchi Tsugawa, eine
Nisei, eine japanische Amerikanerin der zweiten Generation.

Obwohl meine Mutter die Frau eines Farmers war, wurde sie
nicht mit einem grünen Daumen geboren. Als die Familie in
den 1950er-Jahren im ländlichen Woodland im US-Bundesstaat
Washington ankam, versuchte sie sich zum ersten Mal an Gar-
tenarbeit und kaufte Samen für Bohnen, Mais und Gurken. Sie
folgte den Anweisungen, indem sie einen Hügel anlegte, der gut
45 Zentimeter hoch war! Mutter wollte die Maissamen zurück-
geben, weil sie meinte, sie seien trocken und dehydriert. Die Geschichte verbreitete sich schnell in der kleinen Gemeinde, und

man machte sich darüber lustig; die Einheimischen gaben ihr den Spitznamen »das Mädchen aus der Stadt«.

Als der Mount St. Helens am Morgen des 18. Mai 1980 ausbrach, wurde der Pazifische Nordwesten verwüstet, und alles kam zum Stillstand. Geschäfte wurden geschlossen, Straßen gesperrt, und Menschen wurden umgesiedelt, als der Südwesten Washingtons und das dahinter liegende Gebiet mit Vulkanasche bedeckt war. In nur drei Minuten spuckte der Vulkan 2,3 Milliarden Kubikmeter feuriges Gestein und vulkanische Asche in die Luft. Die Bilanz nach dem Ausbruch war:

- 150 000 Acres verwüstetes Land (60 703 Hektar)
- 57 Tote
- 250 zerstörte Häuser
- 47 reparaturbedürftige Brücken
- 15 Meilen (24 km) zerstörte Eisenbahnstrecken
- 185 Meilen (298 km) zerstörte Autobahnen
- Millionen Bäume verstreut wie Streichhölzer
- 7000 tote Großwildtiere sowie Tausende tote Vögel und Fische

Meine Eltern, George und Mable Tsugawa, standen vor einer der verheerendsten Katastrophen ihres Lebens. Es würde Mut erfordern, weiterzumachen, wenn die Zukunft so ungewiss war.

Kennen Sie den Spruch »Wie ein Phönix aus der Asche«? Aus dem Ausbruch des Mount St. Helens ging buchstäblich Schönheit hervor. Die Weyerhaeuser Company pflanzte 18 000 Setzlinge, und einige dieser Bäume sind heute 21 Meter hoch. Aus der Vulkanasche werden Glaskunst und Ornamente entworfen und hergestellt. Heute gibt es ein Besucherzentrum, das über den Wiederaufbau des Gebietes rund um den Mount St. Helens informiert. Es ist ein Zeugnis für den Wiederaufbau einer Region nach einer Naturkatastrophe, aber auch für die Hartnäckigkeit der betroffenen Menschen.

Kurz nach der Katastrophe hatten meine Eltern die Gelegenheit, einen Gärtnereibetrieb zu erwerben; er befand sich an der Nebenfahrbahn der Interstate 5, nicht weit entfernt vom Mount St. Helens. Zum Zeitpunkt des Kaufs brauchte es Mut, Weitblick und Vorstellungskraft, um die damit verbundenen Möglichkeiten zu erkennen. Auf dem Grundstück standen baufällige Gebäude als Zeugen eines unternehmerischen Scheiterns, und natürlich war durch die Nähe zum Vulkan nichts wirklich sicher, da er jederzeit erneut ausbrechen konnte.

Nach dem Kauf des Grundstücks gab es einige Zweifel am neu erworbenen Geschäft meiner Eltern. Mit äußerster Entschlossenheit erklärte meine Mutter jedoch: »Ich kann das schaffen!« Sie hatte sich den Herausforderungen in ihrem Leben mit einer positiven Denkweise und einer Zielstrebigkeit gestellt, die ihresgleichen suchte. Mit wenig Unterstützung machte sie sich daran, ihr neues Geschäft mit dem Mut und der Entschlossenheit eines Samurai zu führen. Ihr Dilemma, in einem »leeren Nest« zu leben, hatte einen Ausweg gefunden.

Neben den verfallenen Gebäuden befand sich noch ein abgenutzter Lastwagen auf dem Grundstück, den Mutter nutzte, wenn sie Gärtnereien besuchte und Grünpflanzen und dergleichen einkaufte. Der Lastwagen blieb viermal auf der Autobahn in der Nähe von Portland liegen. Es war ein Glücksfall, dass ein Freund der Familie zufällig vorbeikam und ihr half – dreimal! Nach der dritten Panne bestand er darauf, dass Papa Mutter ein neues Fahrzeug kaufte!

Mutter hat unermüdlich die Großhändler für Gärtnereibedarf abgeklappert und um Rat bei der Auswahl des Inventars für eine inhabergeführte Gärtnerei gebeten. Im Frühjahr 1981 öffnete ihr Betrieb seine Türen für die Öffentlichkeit; es war eine aufregende Zeit für die ganze Familie, insbesondere für Mama. Doch in ihrer ersten Woche verkaufte sie an einem Tag lediglich eine einzige einsame Geranie. Sie weinte und wollte aufgeben, aber mit der Entschlossenheit eines Samurai hielt sie durch. Im ersten Jahr betrieb sie den Laden ganz allein und nahm sich außer an Thanksgiving und Weihnachten keinen Tag frei. Die Farmarbeiter der Familie halfen beim Putzen, Gießen und wenn schwere Sachen gehoben werden mussten, aber es war Mutter, die die Gärtnerei leitete.

Da das Geschäft Jahr für Jahr stetig wuchs, sparte Mutter Geld. Sie kümmerte sich um Ausbesserungen auf dem Grundstück und suchte nach Möglichkeiten, den Bedarf ihrer immer größer werdenden Kundschaft zu erfüllen. Dann wurde die Immobilie neben der Gärtnerei frei.

Das Gebäude wurde gekauft, als das Geschäft sich zu entwickeln begann. Das Haus wurde zum neuen Büro, und Mutter gestaltete den Pool zu einem Fischteich um, in dem sie japanische Koi-Karpfen hielt.

Auch wenn Mutter nicht mit einem grünen Daumen geboren wurde, so wurde ihr bei der Geburt doch eines mitgegeben: Entschlossenheit. Sie besaß den Weitblick, den Mumm und die Fähigkeit, in jeder Situation etwas Positives zu sehen. Meine Mutter zog sechs Kinder auf und wusste, was es heißt, in guten und in schlechten Zeiten durchzuhalten. Sie lehrte uns, hart zu arbeiten, und sie ging mit gutem Beispiel voran: Niemand konnte härter arbeiten als sie.

Heute ist die Gärtnerei Tsugawa Nursery über 28 320 Quadratmeter groß, beschäftigt in der Hochsaison 40 Mitarbeiter und ist ein beliebtes Blumen- und Pflanzencenter im Pazifischen Nordwesten. Jedes Jahr legen treue Kunden Hunderte von Meilen in ihren Lastwagen und Vans zurück, um sich hier mit ihren Lieblingspflanzen einzudecken; ein Beweis für die Leistungen

> Meine Mutter sagte mir wirklich, ich solle
> weitermachen und das Leben lieben, mich darauf
> einlassen und alles geben, was ich habe; es mit
> Leidenschaft lieben.
>
> ———
>
> **Maya Angelou**

einer Frau, die niemals aufgeben wollte. Meine Mutter wusste, was mit Ganbaru gemeint war: Sie war sich bewusst, dass man sowohl mit Zeiten des Wohlstands als auch mit Zeiten der Not rechnen muss, um geschäftlich oder privat erfolgreich zu sein. Mutter wusste, dass harte Zeiten die Zeit der Glückseligkeit umso schöner machen. Als sie nach dem Erfolg der Tsugawa Nursery gefragt wurde, antwortete sie:

Mut und Familie haben mich am Laufen gehalten. Ich habe die Gärtnerei genossen, und ich habe einen langen Weg zurückgelegt – von den getrockneten Maissamen bis hierhin! Mein Rat an alle ist, daran zu glauben, dass alles möglich ist und niemals aufzugeben.

Ich kann immer noch Mutters Ratschläge hören, während ich mein Leben lebe. Sie fand immer einen Weg, das zu erreichen, was vor ihr lag. Sie zog Kreise um jeden, und sie bewirkte Wunder. Manchmal denke ich, dass sie das Multitasking erfunden hat! Mutter war eine Optimistin, glaubte immer daran, das Unmögliche zu erreichen, und gab nie auf. Ich vermisse sie jeden Tag, aber ihr Vermächtnis lebt weiter.

In ihren späteren Jahren genoss Mutter es, mit ihren treuen Kunden zu sprechen und die richtigen Pflanzen für deren Gärten und Anlagen zu finden. Wenn der Sommer kam, verteilte sie gerne Eis am Stiel an Jung und Alt; es war eine willkommene Abwechslung und eine erfrischende Abkühlung.

Nachdem ich die Geschichte über die Gärtnerei zu Ende geschrieben hatte, las ich sie ihr vor. Sie meinte: »Bin ich das ... wirklich?« Ihre Gesundheit versagte schließlich und leider verstarb sie 2011.

Meine Mutter, ein wahrer Samurai, steht für mich dafür, worum es bei Ganbaru geht. Sie gab nie auf, auch wenn ihre einzige Tageseinnahme der Verkauf einer einzelnen Geranie war! Was wünschen Sie sich von Herzen? Was ist Ihre Vision, Ihr Traum oder Ihr Ziel? Ist das Verlangen stark genug, dass Sie niemals aufgeben werden, bis Sie erreicht haben, was Sie wollen? Haben Sie das nötige Zeug dazu? Kann man von Ihnen sagen: »Er oder sie hat Ganbaru«?

Einige Worte zum Schluss

Die Geschichten über die Personen in diesem Buch umfassen Geschichte, Moral, Ethik, die persönliche Entwicklung und das geschäftliche sowie das persönliche Leben. Ich habe erzählt, wie der Bushido-Kodex ein Fundament oder Anker ist, der den Charakter und das Leben der hier erwähnten Menschen geprägt hat. Beim Schreiben dieses Buches sind Ihr Leben, Ihre Gedanken sowie Ihre Handlungen, Taten und Worte Teil meiner Botschaft. Es ist all das, was Sie einzigartig macht.

Nun, da Sie das Geschriebene gelesen und aufgenommen haben, was werden Sie unternehmen? Ich hoffe, dass Sie inspiriert und befähigt sind, den Bushido-Kodex auf Ihr persönliches und geschäftliches Leben anzuwenden, wie die Samurai-Krieger im alten Japan.

Lassen Sie uns zusammenfassen, worüber Sie in diesem Buch etwas gelernt haben:

- Mut
- Integrität
- Menschlichkeit
- Respekt
- Ehrlichkeit
- Ehre
- Loyalität
- Ganbaru

Welche Ziele, Träume und Visionen haben Sie für Ihr Leben? Ich glaube, Sie besitzen die Größe und die Fähigkeit, Ihre Wünsche in Erfüllung gehen zu lassen. Ihre Ziele, Träume und Visionen sind aus einem bestimmten Grund in Ihrem Herzen und müssen Früchte tragen; möglicherweise sind sie Ihr Lebenszweck, dem Sie sich mit Leidenschaft widmen. Wie der Samurai können Sie selbst die unaufhaltsame Kraft sein, die Ihre Zweckbestimmung und Ihr höchstes Führungspotenzial zum Wohle der Menschheit erreicht und erfüllt. Ich fordere Sie auf, bei der Verfolgung Ihrer Lebensaufgabe alles zu geben!

> Die Welt wartet darauf, dass Sie Ihre Gaben und Talente entfalten. Worauf warten Sie?
>
> ───────────
>
> **Lori Tsugawa Whaley**

Wenn Sie den Bushido-Kodex auf Ihr Geschäfts- und Privatleben anwenden, dient er als Wegweiser durch das Labyrinth des Lebens. Obwohl Sie vielleicht noch nicht das ultimative Opfer bringen müssen, befinden Sie sich immer noch in einer Schlacht, die eine Strategie erfordert. Im Bushido geht es darum, stets das Richtige zu tun. In unserer modernen Gesellschaft habe ich das Gefühl, dass wir von unserem Weg abgekommen sind. Unsere Welt braucht dringend wahre Führungspersönlichkeiten. Wenn es jemals eine Zeit für Sie gab, Ihr Schwert zu schärfen und Ihre Führungsrolle wie ein Samurai anzunehmen, dann ist diese Zeit jetzt!

Ich wünsche Ihnen Erfolg und Frieden auf Ihrem Weg. Alles Gute, und Gott segne Sie!

Lori

Lori Tsugawa Whaley

Über die Autorin

Lori Tsugawa Whaley ist eine japanische Amerikanerin der dritten Generation und eine Nachfahrin der Samurai. Als Babyboomer wuchs sie in einer überwiegend von Weißen besiedelten Holzfäller- und Bauerngemeinde im ländlichen Südwesten des US-Bundesstaates Washington auf. Loris Charakter und Arbeitsmoral wurden durch die harte Arbeit auf der Farm ihrer Eltern geprägt. Sie hatte Probleme damit, anders zu sein, besonders während ihrer Schulzeit.

Als Erwachsene hat Lori ihre Energie in unermüdliche Forschungen investiert, um ihr japanisches Erbe zu verstehen. Ein lebenslanger Wunsch führte sie und ihren Mann auf eine Reise nach Japan. Diese erste Begegnung mit Japan schürte die Sehnsucht, tiefer in die Wurzeln ihrer Vorfahren einzudringen. Sie entdeckte, dass sie das, was sie einst verschmähte, nun herzlich umarmt.

Lori hat sich die Aufgabe gesetzt, Menschen zu inspirieren, den Bushido-Kodex (den Weg des Kriegers) zu beherzigen, damit sie sich den Lebenszweck, den die *Seele* diktiert, zunutze machen. Denn dies ermöglicht es Personen und Organisationen, ihr größtes Führungspotenzial zu entwickeln, damit sie ein kraftvolles Leben führen können, indem sie einen Beitrag leisten, der weit über ihr normales tägliches Dasein hinausgeht.

Der Mut und das Mitgefühl, andere durch schwierige Zeiten zu führen, wurden durch ihre persönliche Reise geschmiedet, um entgegen mancher abfordernder Widrigkeit ihr Wohlbefinden wiederzuerlangen. Lori hat eine traumatische Hirnverletzung (SHT) überstanden.

Lori ist stolz auf ihre japanische Herkunft und befasst sich leidenschaftlich damit. Sie ist nach Japan gereist, besitzt Grundkenntnisse der japanischen Sprache und hat ihre Tsugawa-Verwandten während einer Japanreise getroffen. Lori ist Mitglied der Japanese American Citizen League (JACL), des U.S. Japan Council (USJC), des Japanese Cultural & Community Center of Washington (JCCCW) und der Japan-America Society of the State of Washington (JASSW). Eine von Loris Leidenschaften ist es, japanische Volksmärchen und Dramen mit Puppen für junge und alte Zuschauer aufzuführen.

Lori stammt aus dem Pazifischen Nordwesten und schloss ihr Studium an der Portland State University im Jahr 1978 mit Auszeichnung ab. Sie ist seit über 40 Jahren mit ihrem Mann John verheiratet, hat zwei erwachsene Söhne, eine Schwiegertochter und ist die liebevolle Großmutter von fünf Enkelkindern, darunter eineiige Zwillingsmädchen! Lori und John wohnen in einem Landhaus im japanischen Stil im Pazifischen Nordwesten.

Fotos

Masaichiro und Kazuno Tsugawa aus Tokushima,
Japan; die Großeltern väterlicherseits der Autorin.
Foto mit freundlicher Genehmigung der Familie Tsugawa.

George und Mable Tsugawa, die Eltern der Autorin.

Foto mit freundlicher Genehmigung der Familie Tsugawa.

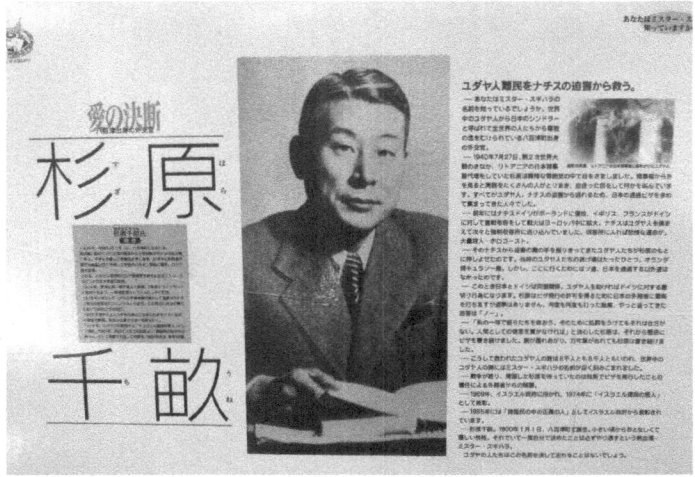

Der japanische Diplomat Chiune Sugihara.

Foto mit freundlicher Genehmigung von John Whaley.

Jüdische Flüchtlinge am Tor des japanischen Konsulats in
Kaunas, Litauen, Juli 1940.
Foto mit freundlicher Genehmigung der Familie Nobuki Sugihara.

Eine in Königsberg versammelte Gruppe, 1941.
Foto mit freundlicher Genehmigung der Familie Nobuki Sugihara.

תעודת כבוד

DIPLÔME D'HONNEUR

Le présent Diplôme atteste qu'en sa séance du 4 Octobre 1984 la Commission d'Hommage aux Justes des Nations, établie par l'Institut Commémoratif des Martyrs et des Héros Yad Vashem, sur la foi des témoignages recueillis par elle, a rendu hommage à

Sempo Sugihara

qui, au péril de sa vie a sauvé des Juifs persécutés pendant la période de l'Holocauste en Europe, lui a décerné la Médaille des Justes parmi les Nations et l'a autorisé à planter un arbre en son nom dans l'Allée des Justes sur le Mont du Souvenir à Jérusalem.

Fait à Jérusalem, Israël, le 29 Novembre 1984

וזאת לתעודה שבישיבתה
ביום ד תשרי תשמ״ה
החליטה הוערה לציון
חסידי אומות העולם
שליד רשות הזיכרון יד ושם
על יסוד עדויות
שהובאו לפניה, לתת כבוד
ויקר ל

סמפו סוגיהרה

על אשר בשעות השואה
באירופה שם נפשו בכפו
להצלת יהודים נרדפים
עידי רודפיהם ולהעניק לו
את המדליה לחסידי אומות
העולם ולהרשות לו
לנטוע עץ בשמו בשדרות
חסידי אומות העולם על
הר הזיכרון בירושלים.

ניתן היום בירושלים, ישראל
ה בכסלו תשמ״ה

בשם רשות הזיכרון יד-ושם
POUR L'INSTITUT YAD VASHEM

בשם הוערה לציון חסידי אומות העולם
POUR LA COMMISSION DES JUSTES

Die Auszeichnung »Gerechter unter den Völkern« wurde Chiune Sugihara (alias Sempo Sugihara) am 29. November 1984 von Yad Vashem, der Internationalen Holocaust-Gedenkstätte in Jerusalem, verliehen. Mit dieser Auszeichnung werden nichtjüdische Menschen geehrt, die ihr Leben riskiert haben, um Juden während des Holocausts zu helfen.

Foto mit freundlicher Genehmigung der Familie Nobuki Sugihara.

Menschenschlange vor dem Speisesaal – Gila River War Relocation Center; die Wohnstätte von Michi Nishiura Weglyn während des Zweiten Weltkrieges.
Foto mit freundlicher Genehmigung des War Relocation Center und des Go for Broke National Education Center.

Michi Nishiura Weglyn im Gila River War Relocation Center, Arizona, 1943. Japanese American National Museum

(Geschenk von Michi und Walter M. Weglyn, 94.170.6).

Die Familie Tsugawa im Minidoka War Relocation Center,
Idaho, Block 30, 1942.
Foto mit freundlicher Genehmigung der Familie Tsugawa.

George und Mable
Tsugawa bei der
Minidoka-Wallfahrt,
Idaho, Juni 2009.
Foto mit freundlicher
Genehmigung von John
Whaley.

Der verstorbene Senator Daniel K. Inouye aus Hawaii.

Dr. Toshio Inahara, Absolvent der OHSU, 1950 (links);
Inahara, Absolvent der University of Oregon Medical
School, chirurgische Praxis (rechts).

Fotos mit freundlicher Genehmigung von Dr. Toshio Inahara.

Familie Moriguchi im Uwajimaya.
Foto mit freundlicher Genehmigung der Familie Moriguchi.

Daniel K. Inouye, U.S.
Army, 442. Regiments-
kampfteam
während des Zweiten
Weltkrieges.
Foto mit freundlicher
Genehmigung von Senator
Daniel K. Inouye.

Wakaji Matsumoto und seine Familie vor einem Fotostudio in der Innenstadt von Hiroshima, zwei Blocks vom Epizentrum der explodierten Atombombe entfernt.

Foto mit freundlicher Genehmigung von Hitoshi Ouchi und dem Stadtarchiv von Hiroshima.

General Frank D. Merrill, Kommandeur von Merrill's Marauders, überreicht Feldwebel Roy Matsumoto am 5. März 1944 den Orden der Legion of Merit für seinen Dienst in Walawbum, Burma.

Das Foto wurde freundlicherweise von der Familie Matsumoto zur Verfügung gestellt.

Roy Matsumoto in Washington, D.C., nach der Verleihung
der Goldmedaille des Kongresses im Jahr 2010.

Foto mit freundlicher Genehmigung der Familie Matsumoto.

Arthur Iwasaki salutiert nach der Verleihung der
Goldmedaille des Kongresses im Jahr 2010.

Foto mit freundlicher Genehmigung der Familie Iwasaki.

Die Familie George Tsugawa – Brian und Lori (hinten)
und Mable und George Tsugawa (vorne) in der Gärtnerei
Tsugawa Nursery im Jahr 2003.

Foto von L.E. Gaskow mit freundlicher Genehmigung der
Portland Tribune.

Robert Shimada und Jinichi Miyashiro, Mitglieder des
100. Infanteriebataillons, richten einen 60-Millimeter-Mörser
ein, 1943.
Mit freundlicher Genehmigung der National Archives and
Records Administration.

Mitglieder des 522. Feldartilleriebataillons im Einsatz
im Sektor Bruyčres, Frankreich, 18. Oktober 1944.
Mit freundlicher Genehmigung des United States Army Signal Corps.

MIS-Linguisten »bei der Arbeit« im Büro.
Mit freundlicher Genehmigung der National Archives and Records
Administration und des Go for Broke National Education Center.

MIS-Linguisten »bei der Arbeit« im Büro.
Mit freundlicher Genehmigung der National Archives and Records
Administration und des Go for Broke National Education Center.

Die Strapazen der 16-tägigen Schlacht um Livorno zeigen sich in den Gesichtern dieser Nisei-Soldaten des 100. Infanteriebataillons, als sie zu einer Regimentsreserve der U.S. Fifth Army ausrücken, Castellina, Italien, 15. Juli 1944.

Nisei-Soldaten des 2. Bataillons, 442. Infanterieregiment, verneigen sich im Gebet für ihre gefallenen Kameraden, die im Kampf mit dem Feind nördlich von Rom ihr Leben ließen. Die Gedenkfeier fand am 30. Juli 1944 im Hauptquartier des Bataillons in der Nähe von Cecina statt.

Eine Frau, gekleidet als berühmte Samurai-Kriegerin Tomoe Gozen beim Jidai-Matsuri (Festival der Zeitalter), Kyoto, 2012.
Foto mit freundlicher Genehmigung von John Whaley.

Samurai-Krieger beim Jidai-Matsuri, Kyoto, Japan 2012.
Foto mit freundlicher Genehmigung von John Whaley.

Statue von Saigo Takamori, Ueno Park, Tokio.

Glossar

Bushido | Der Ehrenkodex der Samurai, der auf Loyalität und Gehorsam beruht und seinen Ursprung im feudalen Japan hat; er stellt die Ehre über das Leben selbst.

chuugi | Loyalität, eine Kombination aus zwei Kanji; Aufrichtigkeit oder Loyalität, Integrität, Rechtschaffenheit, Gerechtigkeit oder richtiges Handeln.

daimyo | Ein Feudalherr, der in Japan ein Vasall des Shogun war.

domo arigato gozaimasu | Vielen Dank (die höfliche Form)

gaman | Das Unerträgliche mit Geduld, Würde und Selbstbeherrschung ertragen. Eine Tugend oder Eigenschaft, um in leidvollen Zeiten sein Bestes zu geben.

ganbaru | Sich in schwierigen Zeiten beharrlich zeigen. »Nicht aufgeben«, »sein Bestes geben« und »sich verausgaben« sind Ausdrücke, die mit *ganbaru* verbunden werden.

gi | Integrität, ein Sinn für Gerechtigkeit und moralische Rechtschaffenheit.

Haiku | Japanische Gedichtform mit 17 Silben.

Issei | Ein japanischer Einwanderer der ersten Generation in den USA.

jin | Menschlichkeit; die Bereitschaft, Gutes zu tun; ein Akt der Güte oder ein großzügiges Geschenk.

kamon | Bezieht sich speziell auf Embleme zur Identifizierung einer Familie; ein Wappen.

Kanji | Ein System der japanischen Schrift, das hauptsächlich von chinesischen Schriftzeichen oder Ideogrammen abgeleitet ist.

katabami	Blätter des Hornsauerklees, die auf Wappen der Kriegerkaste mit Schwertklingen dargestellt werden.
ken	Ein Schwert oder Säbel.
Kibei	Eine Person japanischer Abstammung, die in den USA geboren, aber später in Japan lebte und ausgebildet wurde.
koshogumi	Ein Wächter niedrigen Ranges der Elitegarde, eine Rangposition, aus der die meisten Magistrate ausgewählt wurden.
makoto	Ehrlichkeit, eine Kombination aus zwei Kanji: sprechen und vollbringen.
meishi	Eine japanische Visitenkarte.
meiyo	Ehre; einen bewundernswerten oder lobenswerten Ruf haben.
Mon	Ein umfassender Begriff, der sich auf die japanischen Embleme bezieht, die zur Identifizierung einer Person oder Familie verwendet werden.
Ninja	Mitglied eines feudalen japanischen Vereins von Söldnern. Ninjas waren in den Kampfkünsten hochgradig ausgebildet und wurden für verdeckte Zwecke angeheuert, z. B. für Spionage, Sabotage und Attentate.
Nisei	Eine Person japanischer Abstammung (zweite Generation), die in den USA oder Kanada geboren und ausgebildet wurde.
Nono Boys	Bezeichnung für diejenigen, die die Fragen Nr. 27 und Nr. 28 des Loyalitätsfragebogens, der Japanern und japanischen Amerikanern in amerikanischen Internierungslagern während des Zweiten Weltkrieges vorgelegt wurde, mit »Nein« beantwortet haben. Die »Nono Boys« wurden in das Tule Lake Segregation Center verlegt.

obaasan	Ein Ausdruck des Respekts, der weiblichen Älteren entgegengebracht wird und »Großmutter« bedeutet.
ojiisan	Ein Ausdruck des Respekts für männliche Ältere, der »Großvater« bedeutet.
rei	Respekt, Moral und Höflichkeit.
Ronin	Ein Samurai, der herrenlos ist und nicht mehr einem Daimyo oder Feudalherrn dient.
Samurai	Ein Mitglied der Kriegerkaste in Japan. Samurai bedeutet wörtlich »der Dienende«. Sie lebten nach dem Bushido-Kodex und waren bereit, ihr Leben zu geben, um ihre Ehre zu verteidigen.
Sansei	Eine Person japanischer Abstammung (dritte Generation), Enkel von japanischen Einwanderern in den USA oder Kanada.
Sensei	Ein Lehrer, Meister oder Ausbilder; ein Titel des Respekts.
shigakko	Private Zentren für die Ausbildung der Samurai-Jugend, auch bekannt als Krieger- oder Samurai-Schulen.
Shogun	Bedeutet wörtlich »General« oder »militärischer Befehlshaber«. Nach dem Ende des 12. Jahrhunderts war der Shogun der erblich übertragene Titel des Beamten, der Japan regierte.
wa	Wird in der Regel mit »Frieden« oder »Harmonie« übersetzt; ein Begriff der japanischen Kultur.
Yen	Die japanische Währungseinheit.
yuuki	Mut, dargestellt durch ein Kanji, das Heldentum mit dem Geist oder dem Verstand kombiniert, was zu Tapferkeit des Geistes führt.

終わり

OWARI

Das japanische Kanji
für Ende